Scoprire i Giochi Gratuiti Online

Disponibile Qui:

BestActivityBooks.com/FREEGAMES

5 CONSIGLI PER INIZIARE

1) COME RISOLVERE LE PAROLE INTRECCIATTE

I puzzle hanno un formato classico:

- Le parole sono nascoste senza spazi o trattini,...
- Orientamento: Le parole possono essere scritte in avanti, indietro, verso l'alto, verso il basso o in diagonale (possono essere invertite).
- Le parole possono sovrapporsi o intersecarsi.

2) APPRENDIMENTO ATTIVO

Accanto ad ogni parola c'è uno spazio per scrivere la traduzione. Per incoraggiare l'apprendimento attivo, un **DIZIONARIO** alla fine di questa edizione vi permetterà di controllare e ampliare le vostre conoscenze. Cerca e scrivi le traduzioni, trovale nel puzzle e aggiungile al tuo vocabolario!

3) SEGNARE LE PAROLE

Puoi inventare il tuo sistema di segni. Forse ne usi già uno? Per esempio, puoi segnare le parole difficili da trovare con una croce, le parole preferite con una stella, le parole nuove con un triangolo, le parole rare con un diamante, e così via.

4) STRUTTURARE L'APPRENDIMENTO

Questa edizione offre un **TACCUINO** alla fine del libro. In vacanza, in viaggio o a casa, puoi organizzare facilmente le tue nuove conoscenze senza bisogno di un secondo quaderno!

5) AVETE FINITO TUTTE LE GRIGLIE?

Nelle ultime pagine di questo libro, nella sezione della **SFIDA FINALE**, troverete un gioco gratuito!

Facile e veloce! Dai un'occhiata alla nostra collezione di libri di attività per il tuo prossimo momento di divertimento e **apprendimento,** a portata di clic!

Trova la tua prossima sfida su:

BestActivityBooks.com/MioProssimoLibro

Ai vostri posti, pronti...Via!

Sapevi che ci sono circa 7.000 lingue diverse nel mondo? Le parole sono preziose.

Amiamo le lingue e abbiamo lavorato duramente per creare libri di altissima qualità. I nostri ingredienti?

Una selezione di argomenti adatti all'apprendimento, tre buone porzioni di intrattenimento, una cucchiaiata di parole difficili e una spolverata di parole rare. Li serviamo con amore e entusiasmo in modo che tu possa risolvere i migliori giochi di parole e divertirti imparando!

La vostra opinione è essenziale. Puoi partecipare attivamente al successo di questo libro lasciandoci un commento. Ci piacerebbe sapere cosa ti è piaciuto di più di questa edizione.

Ecco un link veloce alla pagina dell'ordine:

BestBooksActivity.com/Recensione50

Grazie per il vostro aiuto e buon divertimento!

Tutta la squadra

1 - Salute e Benessere #2

瓷	品	瓷	工	园	舞	医	院	法	织	松	能	陶	卫	血
能	魔	瓷	乐	饮	影	益	影	画	球	身	艺	活	生	远
法	魔	放	露	重	食	动	球	感	染	体	维	生	素	鱼
消	化	技	针	量	缝	阅	按	瓷	棒	能	魔	远	拼	露
趣	法	拼	松	法	品	陶	摩	钓	松	织	图	击	游	遗
益	瓷	技	摄	影	画	艺	暇	画	魔	动	趣	营	纫	传
潜	脱	水	放	松	球	游	棒	术	暇	织	过	敏	卡	学
趣	松	潜	摄	击	纫	工	缝	艺	暇	魔	戏	潜	路	露
鱼	棒	松	法	绘	陶	活	趣	工	针	狩	陶	暇	里	潜
解	剖	学	绘	利	营	利	篮	乐	跳	纫	影	击	能	品
图	营	疾	益	读	术	艺	绘	魔	潜	图	魔	活	源	魔
足	养	园	病	利	织	潜	趣	法	舞	棒	园	艺	钓	放
利	瓷	足	狩	能	针	戏	缝	足	能	趣	游	松	击	棒
术	陶	缝	织	法	棒	阅	健	陶	食	法	品	舞	品	营
松	戏	猎	戏	魔	工	放	针	康	欲	艺	乐	能	营	读

过敏
解剖学
食欲
卡路里
身体
饮食
消化
脱水
能源
遗传学

卫生
感染
疾病
按摩
营养
医院
重量
健康
维生素

击	球	织	戏	营	瓷	戏	戏	活	球	描	术	跳	影	画
能	艺	潜	剧	动	钓	阅	猎	有	趣	动	述	游	松	拼
阅	读	营	性	趣	狩	陶	健	放	陶	远	优	性	幼	术
技	自	园	针	阅	画	能	康	猎	织	趣	益	雅	的	松
利	猎	然	骄	傲	活	品	趣	魔	缝	松	潜	阅	名	工
缝	足	狩	钓	乐	趣	技	工	陶	游	松	潜	园	著	图
摄	魔	干	艺	绘	乐	缝	瓷	鱼	拳	远	拼	乐	跳	益
钓	园	绘	幼	艺	图	纯	法	瓷	足	足	舞	读	趣	魔
远	暇	趣	利	阅	暇	营	活	趣	钓	足	篮	动	法	猎
露	绘	潜	织	猎	球	创	缝	阅	拳	技	影	品	织	品
缝	新	的	饿	远	棒	意	咸	工	影	球	织	拼	游	篮
图	足	钓	强	趣	远	针	生	产	力	钓	拼	潜	阅	园
缝	宗	正	钓	游	甜	游	影	绘	松	图	摄	陶	远	影
负	技	常	能	球	蜜	针	缝	利	影	狩	戏	营	松	
责	动	图	工	猎	的	魔	影	拳	品	放	术	活	瓷	乐

正宗	自然
创意	正常
描述性的	新的
甜蜜的	骄傲
戏剧性	生产力
优雅	负责
著名的	健康
有趣	

3 - Ingegneria

织 能 戏 跳 动 瓷 球 松 松 计 算 测 柴 暇 针
织 纫 拼 针 术 法 推 拼 击 击 阅 量 油 陶 轴
益 读 潜 针 猎 术 摄 进 暇 狩 瓷 营 乐 能 法
棒 乐 魔 球 击 拼 活 游 技 狩 活 潜 图 陶 源
益 品 马 戏 营 稳 定 性 直 拳 球 图 表 狩
益 绘 达 跳 摄 读 动 跳 戏 足 分 猎 跳 艺
绘 钓 动 松 活 园 阅 技 摄 足 潜 针 深 阅
缝 液 艺 远 陶 露 工 阅 品 织 营 园 度 钓
趣 体 纫 潜 阅 动 影 绘 法 跳 工 法 角 露
趣 舞 绘 技 舞 舞 艺 动 鱼 动 拳 动 运 动 戏
游 织 击 陶 品 读 针 松 趣 棒 技 园 狩 趣
品 鱼 杠 杆 力 量 拳 跳 画 潜 暇 魔 影 乐 术
陶 品 舞 利 缝 动 拼 读 齿 机 器 足 足 画 针
结 构 动 利 营 游 潜 园 轮 阅 篮 棒 能 魔
潜 营 松 织 园 松 击 狩 针 戏 趣 游 画 鱼 瓷

角度
计算
图表
直径
柴油
分配
能源
力量
齿轮
杠杆

液体
机器
测量
马达
运动
深度
推进
稳定性
结构

4 - Archeologia

戏	品	乐	篮	猎	趣	潜	能	读	缝	舞	活	篮	趣	绘
文	钓	评	团	队	时	足	足	画	足	画	未	知	益	绘
明	品	估	艺	远	代	松	远	墓	活	分	舞	益	戏
园	棒	游	益	教	图	技	织	营	针	析	戏	拼	营
跳	利	陶	远	法	授	利	影	松	趣	能	影	织	缝
神	秘	器	寺	露	品	魔	读	摄	松	读	影	放	戏
缝	跳	魔	庙	瓷	艺	工	瓷	拳	球	足	研	鱼
跳	戏	缝	技	魔	拼	露	趣	击	狩	松	魔	碎	究	术
篮	画	营	戏	织	纫	遗	摄	鱼	足	法	棒	片	员	魔
魔	绘	阅	阅	足	能	迹	艺	摄	拳	远	针	缝	拳	舞
拳	阅	乐	纫	古	技	读	摄	猎	品	画	技	纫	织	瓷
松	活	技	放	代	球	园	活	瓷	远	拳	影	法	乐	球
篮	影	工	游	对	象	骨	足	游	能	术	影	绘	阅	艺
篮	瓷	狩	工	棒	绘	猎	头	动	化	纫	拳	暇	图	棒
乐	跳	技	猎	图	跳	专	家	后	裔	石	戏	瓷	拼	织

分析
古代
陶器
文明
后裔
时代
专家
化石
碎片
神秘

对象
骨头
教授
遗迹
研究
未知
团队
寺庙
评估
员
知

5 - Salute e Benessere #1

戏 图 反 狩 益 法 画 缝 高 习 品 图 球 利 猎
露 猎 阅 射 皮 肤 活 艺 度 惯 细 菌 趣 魔 影
法 营 远 阅 活 纫 魔 摄 露 棒 棒 乐 钓 陶 艺
放 拳 棒 绘 针 跳 舞 品 图 织 术 鱼 拳 戏 法
工 松 补 充 剂 远 远 营 松 暇 舞 狩 趣 利 阅
营 舞 瓷 缝 活 缝 姿 艺 骨 头 病 拳 钓 放 瓷
影 舞 园 利 狩 猎 势 能 能 放 毒 能 舞 露 篮
绘 画 绘 织 影 篮 摄 钓 工 读 工 活 露 棒 针
营 瓷 潜 露 缝 活 读 瓷 松 狩 瓷 技 法 缝 拼
术 医 能 艺 肌 品 鱼 针 鱼 图 足 断 裂 饥 园
品 生 术 织 肉 暇 跳 猎 激 素 园 暇 猎 饿 松
乐 能 品 游 篮 纫 针 松 陶 暇 陶 营 针 针 术
戏 能 术 趣 活 技 益 趣 放 治 影 工 鱼 乐 画
击 缝 足 工 动 动 活 图 诊 疗 术 鱼 益 潜 织
摄 术 神 经 钓 瓷 益 店 药 所 活 乐 球 绘 针

戏 纫 读 摄 瓷 狩 摄 鱼 乐 活 技 品 读 足 篮
利 猎 游 跳 能 有 价 值 的 阅 利 戏 瓷 影 戏
读 乐 术 鱼 绘 完 美 松 异 画 针 魔 长 读 缝
缝 艺 诚 戏 慢 跳 绝 摄 国 织 跳 棒 拳 画 陶
法 术 益 实 松 拳 对 园 情 钓 动 法 棒 法 影
击 的 技 趣 拳 猎 年 调 重 狩 针 营 影 影 戏
能 要 舞 乐 影 击 活 游 芳 钓 慷 利 艺 露
跳 重 舞 舞 陶 园 钓 法 法 香 深 慨 球 乐 舞
品 纫 织 绘 乐 营 纫 针 棒 击 纫 图 钓 艺 远
相 足 钓 放 戏 拼 瓷 织 篮 乐 益 读 戏 营 舞
同 法 营 狩 钓 潜 针 缝 暇 针 趣 巨 大 的 品
利 击 鱼 营 猎 法 潜 拳 现 击 棒 戏 松 乐 击
有 雄 心 陶 阅 棒 能 瓷 代 球 缝 放 钓 足 棒
益 织 鱼 阅 绘 术 薄 缝 瓷 工 鱼 艺 舞 能 鱼
球 放 足 陶 远 钓 园 读 游 棒 放 棒 趣 远 放

有雄心	年轻
芳香	相同
艺术的	重要的
绝对	现代
巨大的	诚实
异国情调	完美
慷慨	有价值的

7 - Geologia

读 图 益 戏 针 绘 品 潜 摄 篮 乐 影 英 石 笋
鱼 乐 动 球 动 园 篮 魔 潜 技 阅 跳 跳 能 击
露 艺 魔 活 品 珊 技 缝 钙 陶 暇 绘 露 暇 钓
戏 化 层 乐 远 盐 瑚 棒 篮 法 艺 绘 缝 营 图
技 石 法 织 针 球 击 钓 陶 影 摄 工 能 营 球
熔 针 钟 松 织 法 法 大 陆 足 击 纫 阅 水 钓
狩 岩 乳 暇 技 游 拼 阅 利 鱼 营 纫 品 晶 趣
地 头 石 狩 足 跳 洞 穴 魔 园 击 棒 趣 艺 松
震 鱼 击 织 放 拼 活 游 阅 读 动 技 钓 营 益
艺 击 益 棒 品 术 缝 游 读 纫 利 工 足 活 动
活 球 营 营 影 钓 能 足 法 潜 猎 潜 足 间 陶
艺 技 工 高 游 放 狩 拼 潜 织 游 矿 歇 泉 潜
潜 酸 钓 趣 原 远 绘 鱼 拼 阅 瓷 物 泉 放
品 织 跳 戏 品 魔 术 松 侵 棒 益 品 摄 潜 戏
能 影 趣 图 织 篮 摄 缝 蚀 火 山 影 鱼 影 艺

高原
洞穴
大陆
珊瑚
水晶
侵蚀
化石
间歇泉

熔岩
矿物
石头
石英
石笋
钟乳石
地震
火山

8 - Campeggio

露	艺	罗	暇	戏	陶	阅	跳	乐	露	鱼	狩	陶	利	钓
乐	趣	盘	工	远	跳	营	舱	图	松	趣	放	瓷	露	拳
针	能	山	狩	地	纫	钓	球	纫	露	能	缝	戏	猎	暇
帐	篷	跳	钓	读	图	能	钓	树	舟	游	大	拼	活	陶
缝	暇	绳	子	帽	影	缝	能	戏	木	针	阅	自	戏	动
针	足	森	动	物	趣	术	纫	月	独	技	纫	足	然	画
露	画	林	针	技	拳	阅	棒	亮	针	露	纫	法	能	狩
篮	足	露	棒	舞	针	露	法	摄	工	暇	鱼	篮	湖	昆
工	法	狩	球	动	利	篮	瓷	击	魔	足	拼	吊	床	虫
狩	拼	营	击	技	利	球	放	跳	营	利	戏	纫	篮	影
猎	足	戏	露	针	益	拳	画	活	摄	足	营	艺	松	工
篮	游	击	能	图	舞	绘	猎	陶	图	跳	钓	读	火	营
术	阅	钓	绘	击	利	露	趣	露	魔	营	利	瓷	趣	暇
乐	放	游	工	乐	游	缝	针	针	瓷	冒	阅	营	击	跳
足	游	舞	舞	暇	工	术	瓷	魔	品	险	狩	陶	戏	舞

树木	绳子
吊床	乐趣
动物	森林
冒险	昆虫
罗盘	月亮
狩猎	地图
独木舟	大自然
帽子	帐篷

9 - Arti Visive

雕 塑 猎 棒 织 击 棒 游 松 看 针 陶 活 品 技
趣 瓷 钓 松 鱼 击 图 法 营 艺 法 暇 影 电 活
狩 魔 魔 艺 品 露 乐 篮 术 跳 游 猎 影 术
蜡 营 建 筑 杰 作 拼 魔 织 家 钓 瓷 绘 拳 露
针 创 造 力 绘 阅 戏 瓷 家 活 瓷 陶 棒 戏 针
影 猎 松 乐 笔 游 动 狩 趣 针 木 能 技 棒
品 照 片 园 粉 品 露 能 狩 露 营 远 炭 露 拳
益 术 篮 绘 画 露 球 营 瓷 狩 瓷 肖 益 织 游
放 能 拳 陶 品 阅 猎 潜 阅 铅 笔 像 棒 猎 拳
鱼 技 露 钓 法 鱼 猎 游 远 纫 跳 模 猎 陶 远
远 画 足 织 读 织 阅 动 益 舞 陶 具 棒 戏 术
足 篮 露 鱼 绘 织 潜 营 猎 术 器 能 术 动
跳 篮 拳 粘 拼 画 潜 能 狩 画 架 技 趣 画 品
篮 钓 舞 土 利 能 足 钓 动 足 戏 鱼 趣 球
瓷 法 鱼 法 暇 影 能 益 魔 陶 织 绘 远 园 活

建筑
粘土
艺术家
杰作
木炭
画架
陶器
创造力
电影

照片
粉笔
铅绘
看肖
雕塑
模具

笔
画法
铅
绘
看
像
塑
具

10 - Tempo

瓷钓活陶纫技未舞游织猎瓷棒工戏
纫世纪棒放法来针足十暇放拳织园
暇益乐工小舞摄击年园昨天时露
远魔舞棒篮时棒营技每狩今钟纫利
图活潜鱼猎活针潜狩游绘缝远趣
摄艺鱼画法晚上篮技鱼暇狩法周工
法织利球拼历暇利乐术技阅棒
拳远拼露陶日画戏篮摄针魔活
能松魔术益绘魔针影营跳暇
拳游益缝术狩画摄陶营活放舞
远击鱼影利击暇益利舞猎狩舞
针法艺营拳乐工击以球狩趣
营织分松园很远趣篮益瓷工足
跳图钟月画快球中早晨狩前摄放绘
潜术拳活魔能技品动纫图摄益营绘

11 - Astronomia

狩 鱼 潜 影 影 暇 营 针 远 狩 缝 猎 松 活 读
天 空 艺 座 陶 摄 拼 远 影 图 游 游 拼 园 针
动 小 行 星 读 松 术 足 术 月 亮 绘 戏 舞 戏
远 钓 云 流 活 远 利 技 远 钓 针 跳 拳 鱼 击
超 新 星 针 瓷 绘 猎 影 图 潜 读 篮 园 露 动
阅 画 暇 益 法 舞 阅 魔 能 火 放 狩 拼 活 跳
能 篮 露 天 舞 工 魔 缝 放 远 箭 松 纫 织 拳
宙 家 学 文 天 行 影 钓 画 猎 篮 拳 戏 图 游
宇 能 纫 台 篮 星 击 钓 读 工 望 图 读 棒 猎
利 航 技 露 拼 读 品 绘 鱼 拳 远 钓 阅 乐 露
游 瓷 员 戏 游 辐 狩 针 星 系 镜 阅 阅 暇 摄
陶 钓 重 力 黄 射 戏 艺 游 露 乐 趣 露 篮 营
法 松 品 球 道 拼 春 放 利 露 放 动 工 品 术
图 工 针 术 带 远 戏 分 品 图 球 鱼 拳 益 益
动 游 跳 远 摄 地 球 拼 阅 潜 放 远 瓷 狩 图

小行星   星云
宇航员   天文台
天文学家   行星
天空   辐射
星座   火箭
春分   超新星
星系   望远镜
重力   地球
月亮   宇宙
流星   黄道带

12 - Algebra

解	纫	拳	瓷	法	艺	狩	陶	阅	解	跳	猎	猎	工	无
决	画	工	趣	球	舞	阅	拳	公	决	拳	拳	舞	艺	限
方	利	问	题	营	法	棒	和	式	简	陶	法	括	号	益
案	纫	营	活	阅	艺	鱼	陶	戏	化	针	织	纫	益	法
织	利	露	能	品	鱼	瓷	乐	游	松	法	猎	影	纫	图
织	影	暇	活	跳	松	画	矩	阵	园	工	能	击	猎	线
纫	篮	游	暇	工	法	拼	图	潜	活	拼	阅	能	利	性
缝	绘	园	织	数	量	变	远	绘	针	零	猎	技	分	技
击	纫	鱼	松	棒	指	瓷	篮	活	跳	术	戏	阅	潜	数
戏	猎	术	篮	工	图	针	方	篮	松	艺	松	击	动	活
趣	魔	益	篮	利	陶	针	魔	程	远	游	棒	缝	棒	陶
拼	法	潜	瓷	陶	绘	活	陶	织	影	远	图	猎	棒	跳
趣	减	织	纫	术	陶	戏	暇	松	篮	术	乐	绘	松	图
营	法	摄	露	远	纫	狩	游	鱼	品	拼	术	织	潜	表
画	因	素	露	纫	影	读	阅	绘	园	拼	纫	陶	篮	纫

图表
方程
指数
因素
公式
分数
无限
线性
矩阵

括号
问题
数量
解决
简化
解决方案
减法
变量

13 - Mitologia

画 放 读 品 陶 击 趣 趣 鱼 瓷 潜 猎 趣 园 不
灾 难 钓 狩 绘 游 利 阅 狩 击 益 生 魔 拳 朽
陶 艺 球 绘 读 品 品 乐 阅 摄 游 物 露 文 篮
工 园 钓 织 狩 舞 嫉 绘 园 狩 怪 钓 暇 化 画
利 活 益 拼 能 影 迷 妒 远 舞 物 活 复 纫 放
陶 魔 拳 技 松 拳 宫 阅 舞 乐 艺 复 仇 瓷 暇
球 摄 钓 击 乐 阅 篮 利 远 远 品 仇 读 拳 利
能 潜 篮 技 阅 瓷 魔 织 潜 远 游 读 绘 原
魔 法 鱼 缝 能 远 跳 拳 狩 术 陶 鱼 力 型
画 戏 凡 术 足 瓷 品 战 活 传 说 瓷 量 拳
读 动 人 暇 球 动 影 士 陶 纫 闪 法 阅 摄
钓 陶 园 益 术 读 法 神 雷 活 电 潜 能 技
艺 技 乐 工 游 图 暇 园 松 游 魔 放 术 织
行 读 品 益 戏 艺 活 潜 英 针 织 狩 趣 游
为 拼 露 舞 放 跳 球 松 舞 雄 创 造 击 术

14 - Piante

织 织 陶 品 跳 仙 树 叶 瓷 益 竹 子 阅 品 棒
花 篮 读 摄 狩 人 潜 露 狩 跳 摄 工 艺 园 拳
松 瓣 能 技 浆 掌 肥 料 魔 钓 品 放 画 潜 花
球 针 远 品 果 术 魔 艺 益 品 击 游 远 远 足
足 艺 图 植 潜 艺 戏 园 放 舞 艺 魔 能 动 艺
摄 舞 绘 物 潜 艺 拳 纫 工 动 纫 品 狩 法 动
击 品 露 学 常 春 藤 纫 跳 工 织 狩 法 品 影
针 拼 品 鱼 品 趣 绘 跳 缝 能 击 利 戏 潜 工
苔 棒 舞 瓷 棒 技 戏 游 缝 趣 瓷 艺 阅 叶 趣
藓 跳 术 钓 拼 猎 拳 阅 戏 棒 术 游 乐 足 草
钓 园 花 潜 松 放 纫 画 豆 钓 游 鱼 趣 乐 戏
放 跳 园 魔 灌 猎 钓 营 拳 利 活 篮 森 乐 能
动 足 戏 远 木 鱼 远 鱼 读 动 乐 植 动 林 被
缝 游 足 棒 画 拳 影 击 动 露 舞 法 物 植 钓
缝 游 趣 纫 舞 根 钓 趣 园 图 阅 读 利 法 钓

浆果
竹子
植物学
仙人掌
灌木
常春藤
肥料

植物
树叶
森林
花园
苔藓
花瓣
植被

15 - Spezie

狩影露狩法魔拼影露阅舞足篮松篮
影跳苦篮游缝织艺艺洋缝大蒜乐姜
孜然能陶露球工纫趣葱拼藏红花黄
营读动拳纫胡绘画足织读鱼工拼舞
甜蜜的图粉椒纫狩画园露缝游钓
甘草豆织游放辣利乐图篮球画拼术
露球拼蔻狩猎阅益活利拼拳乐利
钓咖喱绘绘暇摄棒缝暇画图露术艺
盐读松肉纫远绘活远趣球图肉豆蔻
跳篮远桂足游纫绘影纫动猎艺狩
利潜缝陶绘远潜远茴法画钓影画
瓷拳园放远能狩画鱼香绘魔图活香
陶鱼技艺远影益球画钓鱼陶画阅草
术利松趣动跳潜暇能味道读香鱼营
戏活能读钓画术远球营图益菜狩影

16 - Numeri

舞	瓷	摄	潜	乐	露	鱼	棒	瓷	击	五	法	狩	足	钓
营	工	法	动	舞	能	拼	能	能	放	益	戏	远	乐	绘
利	利	益	游	暇	十	魔	法	阅	松	织	露	乐	技	陶
品	瓷	足	魔	图	二	七	十	十	暇	营	法	能	足	影
针	足	鱼	技	绘	十	十	九	六	足	读	影	远	图	绘
瓷	陶	能	阅	绘	益	五	松	画	艺	钓	能	松	拼	乐
十	三	陶	松	趣	艺	暇	棒	绘	营	拼	露	艺	戏	术
钓	瓷	远	活	暇	猎	影	活	零	游	趣	击	拳	趣	放
戏	舞	猎	摄	六	摄	画	舞	织	二	画	营	针	能	纫
活	动	益	纫	画	鱼	绘	法	针	技	钓	狩	猎	露	影
技	八	十	工	拼	舞	技	工	鱼	术	戏	织	画	十	阅
拼	松	三	法	九	鱼	绘	乐	画	影	潜	技	能	进	利
图	陶	钓	能	狩	艺	舞	跳	魔	摄	乐	针	猎	制	鱼
动	拼	放	艺	艺	远	潜	绘	棒	松	球	摄	七	四	拼
放	纫	针	乐	潜	游	游	法	放	球	利	魔	工	十	鱼

十进制	十四
十九	十五
十七	十六
十八	十三
十二	二十

17 - Cioccolato

食拼舞狩松营织游瓷香绘趣最棒动
活谱纫猎图织潜露益气狩游喜利陶
针画篮舞钓营猎游放营瓷图欢魔园
织活法动钓瓷趣抗氧化剂花的苦织
摄跳针工足营益工术利纫游生远暇
绘露术暇鱼味道影利图阅跳品魔
露棒焦足露戏针击游放瓷阅园技
乐跳糖异椰子阅棒钓潜针织园读
甜蜜的国能美露舞渴望乐暇放质拳
跳绘狩情鱼味法狩魔技狩暇纫量园
松松篮调缝趣放潜纫击跳法影益跳
园针卡猎松足鱼潜艺法放成分针狩
可趣路糖远猎猎乐暇趣放利拳球鱼
绘可里果棒魔拳击活趣品利足营露
益摄工画园影鱼品足游陶趣益画画

抗氧化剂　　　　甜蜜的
花生　　　　　　异国情调
香气　　　　　　味道
渴望　　　　　　成分
可可　　　　　　椰子
卡路里　　　　　最喜欢的
糖果　　　　　　质量
焦糖　　　　　　食谱
美味

18 - Guida

活	法	隧	跳	危	摄	魔	图	营	图	缝	图	趣	鱼	击
能	趣	狩	道	险	图	魔	击	猎	潜	术	绘	钓	钓	绘
松	织	陶	陶	远	趣	影	动	图	鱼	趣	动	利	放	法
暇	瓷	露	放	露	鱼	织	缝	狩	猎	跳	图	库	瓷	远
艺	击	击	足	击	行	篮	影	阅	足	汽	车	潜	乐	乐
拳	品	猎	阅	拼	人	陶	舞	能	魔	放	魔	暇	品	园
园	拼	阅	图	艺	击	魔	阅	燃	法	游	拼	针	技	读
篮	总	线	术	利	图	放	益	料	戏	速	园	猎	趣	活
瓷	织	游	纫	利	织	暇	跳	乐	度	警	篮	棒	活	猎
舞	路	动	工	钓	执	照	乐	工	露	潜	察	摩	趣	钓
球	乐	足	纫	读	放	活	游	露	击	动	暇	托	读	车
球	工	纫	跳	暇	缝	地	舞	活	马	猎	织	读	品	
园	营	拼	游	影	读	图	针	事	故	达	陶	安	足	棒
露	趣	松	益	趣	影	趣	能	气	体	露	品	全	法	趣
刹	车	远	暇	园	术	暇	术	品	球	运	输	交	通	趣

汽车　总线　燃料　刹车　车库　气体　事故　执照　地图　摩托车

马达　行人　危险　警察　安全　交通　运输　隧道　速度

19 - I Media

阅 棒 法 陶 品 拳 杂 拼 钓 活 足 足 营 态 拳
能 暇 艺 狩 鱼 园 志 露 舞 纫 击 远 棒 度 画
瓷 拼 瓷 棒 个 动 活 法 沟 通 版 拼 舞 营 猎
园 读 游 拼 人 品 远 陶 网 络 潜 跳 营 活 本
益 读 潜 趣 读 拼 篮 球 球 跳 影 技 猎 松 地
工 工 动 园 露 益 跳 戏 松 露 法 动 远 拳 园
乐 趣 钓 球 狩 露 趣 松 球 图 园 影 篮 术 片
园 意 跳 瓷 工 针 工 图 露 乐 工 松 鱼 影 艺
数 拳 见 资 金 篮 放 舞 足 业 游 松 技 利 戏
字 钓 广 告 松 松 法 足 潜 读 鱼 击 影 收 潜
电 画 拳 猎 摄 读 摄 足 针 事 实 技 棒 音 收
视 品 陶 益 击 绘 乐 露 击 魔 露 鱼 潜 机 潜
拼 术 动 报 技 击 缝 舞 篮 教 针 艺 图 网 上
读 陶 画 陶 纸 拼 球 暇 击 育 影 鱼 远 瓷 魔
远 钓 缝 狩 图 知 识 分 子 能 球 篮 远 瓷 魔

态度	知识分子
沟通	本地
数字	网上
教育	意见
事实	广告
资金	收音机
照片	网络
报纸	杂志
个人	电视
工业	

20 - Forza e Gravità

影	棒	棒	影	法	艺	跳	戏	品	棒	露	活	阅	动	运
响	活	趣	速	度	动	绘	技	拳	绘	营	魔	狩	态	猎
魔	技	物	理	缝	趣	戏	戏	读	放	跳	缝	利	跳	磁
画	时	中	央	击	戏	拼	动	营	能	益	营	摄	跳	性
拳	压	间	摩	缝	艺	图	松	阅	露	营	法	魔	陶
阅	狩	力	擦	法	纫	棒	品	戏	篮	影	织	针	摄
法	戏	魔	活	乐	魔	击	乐	能	术	技	工	动	潜
织	读	行	远	拼	营	术	普	摄	园	魔	游	活	图	工
动	量	星	松	游	远	远	遍	钓	画	艺	暇	跳	露	针
动	重	绘	品	营	法	趣	的	潜	松	工	园	足	舞	戏
纫	猎	阅	篮	击	活	读	乐	技	技	发	现	艺	狩	魔
绘	摄	绘	术	暇	轨	道	游	术	乐	轴	魔	图	法
松	能	游	钓	距	扩	张	绘	技	利	营	露	法	技	能
钓	魔	跳	园	力	离	技	跳	阅	活	图	活	瓷	猎	舞
鱼	纫	营	法	学	利	品	术	动	利	跳	艺	织	猎	戏

摩擦
中央
动态
距离
扩张
物理
影响
磁性
力学
运动

轨道
重力
行星
压力
发现
动量
时间
普遍的
速度

21 - Sport

潜	益	益	猎	纫	益	潜	远	代	远	松	法	艺	瓷	潜
钓	读	肌	游	术	棒	钓	陶	利	谢	舞	织	游	远	运
松	画	肉	远	钓	趣	活	园	纫	潜	篮	纫	拳	影	动
读	摄	拳	钓	能	远	足	能	骨	松	摄	织	拼	益	员
舞	法	陶	摄	力	钓	拳	瓷	头	目	标	暇	趣	益	潜
教	瓷	工	法	能	量	技	戏	活	钓	缝	针	球	品	乐
工	练	品	足	艺	篮	织	活	击	术	画	动	纫	缝	读
利	缝	潜	阅	织	陶	品	击	工	读	纫	魔	画	松	足
拼	舞	心	血	管	程	序	耐	力	阅	动	棒	拳	利	术
纫	跳	活	趣	针	瓷	绘	陶	阅	露	绘	摄	针	跑	缝
放	针	陶	织	品	露	乐	最	远	利	球	钓	乐	步	循
舞	足	远	健	营	松	棒	大	松	潜	篮	跳	魔	针	环
饮	食	针	康	养	读	能	化	摄	乐	陶	织	活	跳	球
术	育	针	鱼	拳	益	缝	狩	钓	织	松	瓷	利	纫	球
身	体	跳	舞	跳	松	拳	品	缝	摄	法	影	鱼	潜	趣

教练
运动员
能力
心血管
循环
身体
跳舞
饮食量
力量
跑步

最大化
代谢
肌肉
营养
目标
骨头
程序
耐力
健康
体育

22 - Uccelli

舞	趣	动	拳	露	园	球	阅	鱼	针	活	艺	园	孔	跳
影	缝	鹈	园	鱼	趣	画	狩	织	击	摄	活	篮	雀	远
活	缝	鹕	鸽	子	瓷	影	舞	乐	戏	乐	鱼	鸡	篮
猫	艺	营	阅	活	棒	跳	乐	乐	摄	瓷	法	远	游	品
乐	头	钓	纫	读	拼	益	篮	工	击	球	球	足	足	利
拳	拼	鹰	球	击	绘	狩	瓷	画	术	狩	摄	松	击	狩
远	舞	暇	针	乐	拳	击	潜	技	绘	拳	纫	活	活	陶
缝	陶	法	能	舞	图	球	舞	火	烈	鸟	鸵	绘	鹳	缝
棒	露	营	足	益	艺	球	织	绘	缝	嘴	放	益	织	读
猎	针	击	技	足	鸭	活	放	狩	陶	巨	织	营	戏	露
篮	放	图	利	活	篮	拼	读	棒	麻	球	乐	猎	利	露
足	织	钓	苍	蛋	远	狩	乐	纫	雀	针	天	松	读	营
企	鹅	能	法	鹭	动	法	击	摄	戏	艺	陶	鹅	杜	鹃
潜	阅	术	鹦	狩	放	魔	缝	潜	魔	法	远	针	拳	击
猎	球	鸥	鹉	术	艺	图	趣	钓	织	潜	拳	足	品	猎

苍鹭   孔雀
天鹅   鹈鹕
杜鹃   鸽子
火烈鸟   企鹅
猫头鹰   鸵鸟
鹦鹉   巨嘴鸟
麻雀

23 - Giorni e Mesi

画 足 拳 足 技 暇 足 足 放 绘 猎 放 放 能 针
戏 缝 趣 读 缝 游 舞 能 画 击 陶 年 跳 球 影
艺 图 足 益 狩 露 画 术 放 瓷 读 游 工 园 摄
七 月 六 六 棒 图 绘 缝 术 舞 织 陶 瓷 摄
狩 四 星 期 三 魔 狩 周 十 猎 放 日 历 月 八
戏 针 放 星 摄 能 动 园 狩 一 缝 术 益 九 露
法 活 魔 工 棒 游 图 戏 法 利 月 五 动 猎 图
跳 游 远 缝 图 营 暇 足 狩 针 二 期 星 技 猎
读 读 能 狩 品 活 潜 缝 益 击 陶 星 摄 针 织
鱼 图 陶 舞 棒 利 足 球 趣 松 潜 摄 瓷 缝 篮
图 艺 绘 图 读 品 法 技 球 狩 猎 露 十 二 月
影 鱼 钓 跳 放 远 舞 技 纫 鱼 品 画 利 十 月
露 星 期 一 一 月 纫 营 陶 猎 画 棒 跳 能 读
纫 法 棒 星 期 日 读 戏 阅 术 跳 能 狩 暇 读
趣 益 摄 钓 游 棒 击 工 益 潜 击 戏 拼 足 针

八月
四月
日历
十二月
星期日
二月
一月
六月
七月

星期一
星期二
星期三
十一月
十月
星期六
九月
星期五

24 - Casa

园	球	影	远	灯	暇	营	球	术	图	门	缝	拳	活	动
露	影	地	板	阅	艺	绘	房	间	书	读	露	工	陶	拼
绘	车	击	魔	工	淋	钓	棒	放	馆	读	鱼	拼	游	松
戏	库	陶	棒	纫	棒	浴	花	园	画	松	影	魔	工	松
读	游	纫	趣	趣	画	影	营	松	钓	趣	狩	趣	纫	足
技	动	工	露	阅	远	放	戏	厨	房	远	影	读	能	趣
暇	足	暇	龙	头	艺	益	跳	松	术	益	鱼	陶	品	织
影	魔	法	趣	地	毯	读	鱼	潜	绘	阁	墙	读	放	暇
织	利	针	潜	潜	暇	露	利	技	松	画	楼	利	放	活
拳	织	动	暇	利	松	露	术	营	阅	钓	放	拼	术	足
放	戏	松	影	活	图	活	读	缝	棒	篮	舞	图	足	栅
棒	露	陶	缝	品	缝	缝	拳	营	远	击	窗	益	摄	栏
足	放	放	钓	技	天	品	猎	壁	炉	营	户	织	纫	纫
读	屋	缝	篮	读	花	鱼	影	镜	暇	画	足	魔	跳	拼
艺	顶	击	魔	陶	板	钓	纫	钓	子	扫	帚	益	乐	画

阁楼
图书馆
房间
壁炉
厨房
淋浴
窗户
车库
花园

地板
栅栏
龙头
扫帚
天花板
镜子
地毯
屋顶

25 - Fantascienza

虚	狩	暇	摄	击	纫	趣	舞	益	益	趣	棒	爆	趣	露
戏	构	益	露	棒	阅	戏	远	针	纫	拼	技	炸	织	鱼
棒	能	的	魔	魔	乐	工	露	放	读	原	术	品	品	术
术	潜	暇	动	艺	狩	品	棒	潜	园	读	子	瓷	画	鱼
狩	跳	猎	品	画	技	工	阅	球	错	世	界	缝	图	篮
纫	魔	技	棒	远	工	鱼	跳	活	读	觉	纫	园	园	针
暇	摄	鱼	画	工	利	篮	狩	松	术	狩	绘	影	足	放
甲	艺	营	书	籍	图	远	钓	绘	趣	火	露	瓷	潜
骨	摄	能	猎	鱼	趣	狩	陶	术	器	瓷	足	绘	织	远
文	拼	戏	活	针	放	击	法	松	人	电	法	神	星	系
乌	托	邦	球	针	能	反	趣	极	端	影	工	秘	击	陶
棒	技	绘	艺	摄	法	乌	行	绘	法	工	瓷	暇	游	图
暇	活	跳	图	放	活	托	星	动	克	舞	瓷	棒	营	画
钓	营	篮	未	来	派	邦	拳	场	隆	猎	活	鱼	瓷	松
钓	魔	活	园	放	艺	放	织	景	远	趣	织	鱼	陶	动

原子　　　　　　　　书籍
电影　　　　　　　　神秘
克隆　　　　　　　　世界
反乌托邦　　　　　　甲骨文
爆炸　　　　　　　　行星
极端　　　　　　　　机器人
未来派　　　　　　　场景
星系　　　　　　　　技术
错觉　　　　　　　　乌托邦
虚构的

26 - Città

放	技	利	球	学	足	能	剧	品	图	书	馆	图	篮	瓷
舞	潜	织	书	校	魔	利	院	术	棒	陶	游	术	大	潜
趣	游	动	店	花	松	影	拳	跳	能	球	图	跳	学	舞
陶	艺	魔	药	品	博	品	法	球	阅	鱼	潜	拳	击	足
潜	利	击	瓷	店	物	绌	阅	摄	篮	绘	瓷	绘	狩	艺
读	球	潜	技	动	馆	益	诊	所	体	育	场	动	电	影
画	松	狩	足	棒	图	阅	画	狩	酒	店	品	读	拼	园
露	廊	利	乐	绘	舞	读	瓷	潜	影	戏	超	级	市	场
绘	露	击	绌	动	缝	活	阅	利	拳	法	拳	画	影	营
陶	利	瓷	商	工	钓	松	益	钓	园	读	瓷	狩	缝	狩
机	场	瓷	店	篮	针	益	暇	技	篮	棒	拼	缝	狩	园
针	市	园	阅	包	缝	瓷	技	动	暇	工	园	动	物	园
活	能	狩	魔	放	面	影	读	暇	园	图	乐	球	园	动
陶	法	陶	缝	松	艺	银	行	法	益	足	术	园	暇	阅
针	舞	球	营	棒	拼	缝	篮	摄	露	击	营	拼	舞	猎

机场	市场
银行	博物馆
图书馆	商店
电影	面包店
诊所	学校
药店	体育场
花店	超级市场
画廊	剧院
酒店	大学
书店	动物园

27 - Fattoria #1

缝 游 技 棒 瓷 乐 击 远 术 影 放 艺 图 营 法
园 猎 狗 纫 鱼 读 猎 园 动 鱼 猫 戏 魔 园 球
舞 法 猎 戏 鸡 针 干 米 戏 暇 动 纫 拳 暇 园
益 游 读 山 羊 松 击 草 击 拳 读 读 足 拳 潜
影 能 品 暇 鱼 摄 影 摄 园 营 瓷 远 舞 针 图
利 画 暇 暇 针 远 拳 戏 工 摄 鱼 戏 园 画 摄
品 术 摄 种 利 图 影 瓷 潜 松 钓 远 球 潜 足
品 猎 画 子 魔 戏 法 艺 钓 能 暇 拼 拼 绘 露
球 活 戏 园 活 读 栅 栏 驴 棒 钓 放 小 腿 纫
松 陶 戏 牛 画 读 游 工 益 拳 拳 击 蜜 蜂 舞
图 缝 动 马 动 益 拳 动 陶 读 猪 动 营 营 陶
放 拳 动 棒 鱼 织 篮 乐 放 放 舞 鱼 画 暇 摄
狩 钓 领 阅 影 营 阅 远 暇 羊 群 戏 水 击 园
农 业 域 拳 舞 趣 营 读 动 钓 暇 击 园 陶 法
肥 料 阅 织 动 画 篮 露 纫 缝 能 针 益 读 暇

农业
蜜蜂
领域
山羊
肥料
干草

群
羊蜂蜜
栅栏
种子
小腿

28 - Psicologia

陶	击	棒	治	技	术	足	品	舞	鱼	跳	拳	动	舞	击
利	棒	缝	疗	球	园	棒	绘	绘	纫	能	松	读	陶	营
活	营	能	放	织	缝	问	绘	动	狩	影	拼	术	放	拼
个	性	球	法	游	潜	题	工	动	钓	狩	绘	露	足
棒	图	法	品	露	认	营	工	游	意	瓷	跳	跳	足	舞
画	利	益	猎	魔	识	品	鱼	针	识	艺	棒	趣	戏	画
松	影	露	能	趣	法	纫	猎	画	知	感	觉	瓷	活	术
自	我	无	意	识	园	绘	法	摄	乐	织	读	跳	营	益
读	影	技	能	影	响	临	床	狩	缝	球	放	纫	棒	棒
想	梦	暇	戏	法	钓	游	法	趣	情	法	纫	潜	戏	利
法	冲	法	跳	乐	读	能	魔	利	绪	篮	陶	暇	足
棒	突	益	活	纫	品	活	织	技	评	为	园	工	潜	技
鱼	活	狩	狩	篮	现	营	童	年	估	趣	游	益	益	舞
园	趣	读	营	营	钓	实	猎	拳	缝	潜	拳	乐	经	缝
鱼	读	暇	魔	远	艺	击	戏	绘	狩	狩	读	暇	验	艺

临床
认识
行为
冲突
自我
情绪
经验
想法
无意识
童年

影响
感知
个性
问题
现实
感觉
梦想
潜意识
治疗
评估

29 - Paesaggi

棒 鱼 动 术 艺 摄 工 击 法 松 陶 拳 阅 潜 画
漠 露 滩 法 舞 营 半 园 术 鱼 陶 图 潜 绿 洲
沙 丘 海 读 营 足 岛 艺 活 潜 拳 苔 沼 泽 画
鱼 图 跳 洋 瓷 园 艺 球 读 能 跳 原 洞 穴 利
缝 品 放 棒 暇 画 阅 品 游 拼 篮 趣 品 足 术
益 魔 缝 纫 法 缝 艺 狩 针 园 猎 篮 钓 猎 品
摄 活 营 拼 棒 纫 击 跳 能 摄 戏 纫 拼 球 远
露 动 松 益 猎 利 篮 动 拼 影 趣 间 歇 泉 岛
缝 园 摄 瓷 山 谷 瀑 布 乐 暇 松 海 瓷 陶 球
摄 暇 针 川 冰 露 针 远 拳 钓 钓 击 织 织 瓷
游 足 品 缝 山 活 放 拼 潜 猎 营 鱼 动 拼 摄
湖 读 拳 缝 火 露 画 纫 益 织 绘 园 狩 篮 陶
潜 缝 益 乐 品 园 跳 园 松 针 阅 松 足 利 球
跳 益 舞 动 缝 读 钓 戏 益 篮 球 趣 图 纫 纫
术 利 陶 拼 图 舞 击 益 营 阅 河 织 戏 拳 暇

瀑布　　　　　　　海洋
沙漠　　　　　　　沼泽
沙丘　　　　　　　半岛
间歇泉　　　　　　海滩
冰川　　　　　　　原
洞穴　　　　　　　海苔
冰山　　　　　　　山谷
绿洲　　　　　　　火山

30 - Energia

```
瓷 球 环 针 陶 影 瓷 放 益 拳 营 猎 法 技 松
摄 品 趣 境 篮 益 陶 趣 棒 氢 暇 影 光 棒 织
露 拼 图 动 鱼 陶 戏 远 摄 艺 暇 狩 子 针 艺
露 拼 远 舞 术 狩 暇 阅 拳 影 动 猎 戏 能 球
钓 利 技 舞 艺 露 陶 读 篮 纫 戏 钓 工 暇 跳
益 拼 游 织 游 动 电 子 击 绘 戏 放 业 法 击
足 读 陶 潜 热 术 缝 益 益 足 读 拼 艺 戏 陶
击 篮 利 猎 画 工 潜 魔 魔 篮 放 涡 柴 油 球
动 技 篮 图 工 营 图 跳 阅 狩 趣 轮 篮 汽 拳
暇 纫 营 能 阅 活 工 跳 露 露 工 棒 趣 蒸 品
猎 马 达 击 技 舞 艺 鱼 狩 摄 暇 拼 纫 影 电
摄 织 瓷 狩 影 游 织 针 营 远 篮 拼 钓 燃 池
篮 乐 阅 技 再 生 缝 营 碳 棒 绘 跳 棒 料 戏
舞 棒 艺 污 魔 图 击 读 舞 摄 瓷 益 趣 核 影
陶 纫 益 染 松 趣 针 瓷 营 露 风 品 利 钓 影
```

环境
电池
汽油
燃料
柴油
电子
光子

工业
污染
马达
再生
涡轮
蒸汽

31 - Ristorante #2

汤	动	陶	狩	绘	糕	蛋	露	远	潜	术	图	影	纫	盐
暇	鱼	戏	针	品	拼	利	松	利	图	纫	击	潜	松	
影	营	影	拼	足	远	戏	乐	潜	绘	沙	猎	陶	球	画
跳	阅	晚	冰	艺	法	服	钓	绘	猎	拉	乐	潜	饮	料
园	远	餐	午	读	益	务	趣	拳	足	游	猎	画	戏	读
球	游	动	鱼	织	跳	员	乐	戏	球	松	摄	魔	舞	鱼
画	图	绘	蔬	菜	戏	放	针	水	狩	潜	陶	园	远	乐
椅	棒	趣	图	趣	美	戏	香	活	果	开	胃	菜	法	影
子	技	游	针	工	勺	味	料	戏	放	足	松	远	营	法
放	叉	舞	钓	营	子	鱼	缝	潜	乐	瓷	球	读	纫	拳
阅	影	摄	绘	篮	趣	乐	松	营	棒	狩	戏	鱼	利	活
潜	陶	摄	拼	动	缝	画	利	拼	画	针	术	戏	狩	利
阅	瓷	织	暇	益	拼	品	纫	技	图	针	放	图	远	能
松	潜	狩	潜	趣	动	远	营	缝	品	工	跳	球	击	暇
松	远	利	趣	跳	游	技	松	潜	远	技	游	放	击	画

开胃菜
饮料
服务员
晚餐
勺子
美味
叉子

水果
沙拉
午餐
椅子
香料糕
蛋蔬菜

32 - L'Azienda

陶 钓 画 营 利 图 松 露 舞 决 击 风 险 松 放
影 益 拼 专 业 的 读 游 乐 定 针 可 能 性 潜
缝 工 术 戏 拳 活 摄 鱼 趣 影 源 织 介 拼 猎
戏 纫 针 瓷 足 摄 松 技 猎 资 工 缝 绍 摄 单
钓 球 术 魔 放 图 画 篮 狩 园 击 誉 足 戏 位
工 技 针 放 利 影 暇 陶 读 声 钓 趣 品 鱼 露
图 创 品 利 远 游 露 露 趋 势 产 棒 能 读 拼
投 意 击 动 法 跳 工 质 量 绘 誉 松 工 陶 技
资 棒 松 远 营 击 跳 陶 法 工 趣 法 营 露 园
进 展 收 入 创 陶 球 就 工 技 松 球 钓 狩 狩
陶 阅 入 益 画 新 击 业 远 法 工 读 乐 乐 戏
戏 足 陶 工 跳 球 的 棒 品 法 工 钓 球 棒
猎 动 营 活 摄 纫 拼 魔 击 技 法 读 球 棒
钓 工 活 钓 拳 针 潜 影 品 法 乐 工 画 瓷
绘 法 能 远 魔 舞 鱼 摄 瓷 舞 画 影 放 棒

创意
决定
工业
创新的
投资
就业
可能性
介绍
产品
专业的

进展
质量
收入
声誉
风险
资源
工资
趋势
单位

33 - Giardino

绘趣草坪门草平杂草铲品拳纫瓷乐
拳术钓魔活廊台利图术能趣远益拳
击术营针益织纫能营击魔艺暇绘活
动陶戏舞魔图趣跳工图球放益暇绘
纫钓拳趣放拼画阅法足园松棒棒阅
狩法能拼技池塘松足工球鱼园拼拳
花园放魔读狩足法品戏舞能纫远织
狩放术舞球松戏利远猎棒放趣花缝
针栅栏耙树软瓷动猎益潜乐击活影
篮益足读益品管图露足狩猎影蹦鱼
阅足法猎法益工能乐图放阅跳床品
针狩远能利放鱼游暇益绘潜品吊阅
技车果园利戏土利能能远露棒影陶
法库棒岩松园壤读影灌动鱼潜钓图
活魔击石术活益能瓷木技法游益活

栅栏　　床
岩石塘壤台　　吊灌
池土平　　杂果
蹦　　车花
软管　　门草坪
　　　　木草园
　　　　园库
　　　　廊

34 - Riscaldamento Globale

温	潜	科	学	家	放	活	品	工	针	纫	乐	法	游	图
度	露	画	绘	政	府	跳	图	业	露	游	球	阅	游	园
魔	缝	狩	击	缝	潜	跳	趣	足	潜	拳	艺	魔	缝	鱼
品	术	拳	陶	篮	利	术	舞	钓	候	法	营	陶	技	远
远	钓	钓	摄	拳	织	拳	趣	舞	气	体	趣	代	的	益
术	球	图	瓷	益	动	利	益	术	猎	击	环	境	读	乐
远	棒	乐	立	画	工	益	露	陶	远	动	的	法	画
画	人	口	法	园	戏	法	拼	戏	鱼	暇	松	拳	发	工
瓷	露	法	趣	数	织	篮	游	摄	露	技	狩	展
法	松	拳	松	足	据	北	能	源	国	绘	棒	篮	狩	术
织	瓷	艺	现	远	阅	图	极	狩	际	能	狩	图	露	危
活	远	趣	法	在	针	能	陶	魔	工	园	魔	织	球	机
活	棒	足	暇	艺	潜	露	摄	放	未	来	鱼	摄	利	人
魔	工	钓	摄	钓	利	图	艺	远	魔	针	戏	后	果	类
鱼	棒	阅	纫	益	鱼	绘	拳	乐	钓	远	技	远	棒	阅

环境的	工业
北极	国际
气候	立法
后果	现在
危机	人口
数据	科学家
能源	发展
未来	温度
气体	人类
政府	

35 - Frutta

影 织 活 篮 乐 棒 艺 棒 瓷 跳 纫 纫 棒 拼 棒
狩 狩 露 针 影 浆 放 动 术 术 鱼 乐 园 跳 露
益 葡 动 针 趣 果 击 拼 魔 魔 针 织 利 球 针
香 萄 纫 动 利 击 营 篮 狩 钓 织 远 图 摄 魔
画 蕉 摄 艺 拼 潜 画 击 技 图 品 足 品 篮 活
狩 术 篮 摄 动 阅 戏 钓 能 芒 樱 桃 针 游 画
猎 纫 技 拳 油 桃 图 松 梨 果 营 织 陶 篮 狩
缝 柠 瓜 木 织 能 篮 乐 瓷 术 营 纫 艺 篮 活
足 绘 檬 读 趣 棒 舞 足 读 图 猎 利 跳 品 活
放 织 画 瓷 针 球 针 魔 工 工 跳 松 鳄 梨 拼
工 潜 猎 织 益 织 纫 黑 莓 织 利 击 瓷 品 游
放 跳 拼 利 露 拼 放 影 狩 利 猕 猴 桃 暇 图
图 活 绘 能 利 影 织 瓷 法 钓 菠 放 戏 球 潜
阅 苹 狩 法 橙 拼 暇 针 篮 杏 萝 跳 覆 盆 子
品 游 果 技 色 足 读 营 法 活 营 放 摄 棒 松 李

菠萝
橙色
鳄梨
浆果
香蕉
樱桃
猕猴桃
覆盆子

柠檬
芒果
苹果
黑莓
油桃
木瓜
李子
葡萄

36 - Fattoria #2

拳	技	工	工	钓	草	甸	露	阅	织	玉	鹅	拳	灌	溉
果	活	园	摄	拳	游	法	利	游	摄	米	乐	针	工	潜
松	园	缝	影	摄	瓷	击	远	跳	纫	趣	摄	术	松	艺
食	物	术	园	击	击	舞	影	活	缝	缝	远	击	足	术
鱼	动	猎	猎	活	魔	鱼	拳	营	足	魔	乐	拳	读	艺
放	跳	拼	羊	潜	陶	暇	猎	法	拳	影	趣	鱼	法	潜
潜	活	戏	羊	乐	放	瓷	营	缝	利	趣	营	影	纫	陶
牧	农	民	肉	法	缝	足	动	织	织	鱼	摄	工	远	棒
能	羊	暇	阅	针	缝	足	游	读	拳	营	足	大	钓	鸭
活	舞	人	乐	营	击	缝	活	牛	篮	织	拼	麦	小	麦
戏	活	品	游	乐	松	营	放	奶	谷	仓	水	利	棒	拳
读	棒	乐	足	足	乐	戏	纫	术	术	活	果	拖	跳	绘
足	技	能	猎	戏	缝	瓷	利	利	品	跳	阅	拉	游	魔
美	洲	驼	读	暇	拼	舞	拼	织	戏	游	园	机	潜	阅
乐	品	阅	工	摄	纫	戏	纫	影	蔬	菜	篮	纫	篮	拼

羊肉
农民
动物
食物
谷仓
水果
果园
小麦
灌溉

美洲驼
牛奶
玉米
大麦
牧羊人
草甸
拖拉机
蔬菜

37 - Verdure

趣球益戏棒戏工西瓷钓针游摄足能
萝卜动远戏工足兰远阅露趣露品露
影营舞跳狩技狩花图拳球画能读营
放益纫拼棒游拼读图猎球工魔画益
影游狩瓷技拼球露陶益舞拼球工
松针猎戏香画戏钓击品球潜拳远纫
游菠菜胡菜钓园绿鱼足趣跳放球葱
猎朝图魔萝松摄针露猎放影乐织放
豌鲜钓潜艺卜狩园露舞技读读黄瓷
豆蓟缝能瓷利利洋画织画阅瓜番
茄织球棒松织狩读能摄蘑菇土跳茄
阅子品缝姜暇陶纫瓷击远潜豆绘营
趣拳利潜芜菁读远趣潜品芹菜艺露
沙松大蒜游读猎棒篮织足南鱼法
动拉篮潜狩动摄园影工摄品瓜利鱼

大蒜　　　　　　　　土豆　　　　
　蒜　　　　　　　　豆豆　　　　
西兰花　　　　　　　土茄菜　　　
朝鲜萝卜　　　　　　豌番卜菜　　
胡萝瓜　　　　　　　番香菜菜　　
黄葱　　　　　　　　芜菜瓜　　　
洋菇　　　　　　　　萝芹　　　　
蘑沙拉　　　　　　　芹菠　　　　
茄子　　　　　　　　菠南　　　　
　　　　　　　　　　南

38 - Musica

民	谣	园	画	纫	剧	歌	技	远	针	益	狩	猎	抒	营
节	利	乐	拼	园	乐	戏	手	远	活	音	乐	家	情	影
奏	放	远	狩	击	音	唱	球	狩	绘	击	谐	暇	动	球
法	缝	放	活	影	益	专	艺	魔	潜	跳	和	波	球	活
技	阅	工	益	游	露	辑	击	工	品	暇	拼	纫	画	趣
足	趣	益	游	狩	击	利	针	术	游	拼	古	乐	露	术
工	纫	动	益	能	园	绘	游	合	缝	拳	游	典	球	法
棒	放	动	工	篮	针	仪	器	唱	拳	陶	暇	陶	阅	纫
篮	影	狩	能	能	放	趣	活	陶	活	足	织	钓	击	鱼
瓷	陶	术	暇	活	针	针	魔	阅	技	艺	读	品	瓷	缝
乐	读	诗	意	园	影	球	阅	品	利	旋	律	篮	跳	影
球	益	棒	猎	画	球	击	舞	技	活	录	音	乐	影	阅
狩	织	瓷	拼	速	度	活	阅	动	织	棒	园	狩	乐	艺
影	露	绘	拳	拼	篮	戏	猎	声	绘	动	影	园	鱼	钓
放	击	游	松	活	麦	克	风	乐	工	影	鱼	益	摄	暇

专辑　　　　　　　音乐剧
和谐　　　　　　　音乐家
谐波　　　　　　　歌剧
民谣　　　　　　　诗意
歌手　　　　　　　录音
古典　　　　　　　节奏
合唱　　　　　　　仪器
抒情　　　　　　　速度
旋律　　　　　　　声乐
麦克风

39 - Barbecue

利 暇 营 能 露 艺 品 活 游 鱼 能 足 放 热 纫
纫 足 阅 法 能 工 乐 工 戏 法 艺 利 术 活 跳
音 画 画 钓 拳 拼 球 鱼 拼 影 术 舞 陶 球 技
乐 技 猎 胡 读 松 绘 画 饥 饿 趣 阅 影 瓷 露
刀 番 茄 拳 椒 艺 足 术 足 趣 潜 露 击 洋 葱
摄 益 家 庭 动 球 图 能 画 工 能 远 放 钓
纫 园 工 益 趣 园 益 法 术 击 瓷 棒 阅 放 棒
缝 游 钓 舞 露 拳 钓 猎 狩 技 陶 阅 活 法 击
松 缝 园 读 烧 足 动 放 球 潜 图 乐 益 读 织
篮 活 击 陶 烤 拼 足 暇 乐 瓷 图 戏 画 球 松
影 绘 鸡 午 摄 利 活 晚 球 舞 沙 园 摄 潜 利
能 蔬 菜 餐 露 足 钓 魔 餐 利 拉 魔 篮 针
食 物 纫 工 影 远 品 织 工 天 拼 影 针 缝 水 工
潜 园 盐 益 舞 益 夏 技 游 影 益 潜 果
图 纫 戏 艺 利 摄 戏 松 营 潜 园 酱 缝 益 潜

晚餐 餐   烤 烧烤
食物 物   拉 沙
洋葱 葱   乐 音
夏天 天   椒 胡
饥饿 饿   茄 番
家庭 庭   餐 午
水果 果   菜 蔬
游戏 戏

40 - Insetti

绘 拼 活 绘 画 蜜 缝 松 陶 篮 品 品 跳 利 图
动 拼 拼 营 远 蜂 足 棒 利 鱼 远 陶 营 棒 鱼
纫 益 足 乐 乐 利 陶 营 陶 技 瓷 跳 蚤 画 游
瓢 图 舞 游 放 大 能 魔 远 拼 棒 舞 游 足 远
虫 趣 艺 利 拼 织 黄 蛾 暇 棒 法 戏 暇 纫 绘
绘 活 影 击 画 技 拳 蜂 放 营 舞 跳 潜 摄 鱼
画 绘 画 篮 舞 营 游 园 放 篮 趣 利 狩 蚱 蜢
乐 拼 读 利 读 织 跳 戏 暇 读 阅 园 狩 园 摄
鱼 针 拳 益 营 蝉 钓 篮 足 拳 足 游 读 游 鱼
游 拼 远 艺 织 远 营 足 缝 织 魔 利 拳 营 技
术 乐 技 放 幼 蝴 蝶 图 蠕 露 蜻 蜓 蚜 蚊 子
园 击 甲 舞 虫 蚂 足 工 虫 图 远 松 营 针 读
篮 动 虫 螳 蟑 蚁 钓 露 猎 艺 球 潜 魔 球
黄 拼 暇 球 拼 游 白 能 魔 陶 读 益 击 摄 跳
蜂 击 图 瓷 纫 远 趣 读 画 阅 活 缝 暇 球 能

蜜蜂
大黄蜂
蚱蜢
瓢虫
甲虫
蝴蝶
蚂蚁
幼虫

蜻蜓
螳螂
跳蚤
蟑螂
白蚁
蠕虫
黄蜂
蚊子

41 - Fisica

縫 电 子 陶 相 乐 品 影 露 读 动 露 引 擎 针
工 戏 分 粒 对 击 拳 猎 游 拳 钓 露 鱼 松 趣
影 绘 能 针 论 织 营 普 艺 放 织 品 魔 乐 暇
工 猎 读 狩 松 戏 足 针 遍 放 放 法 纫 暇 露
戏 放 术 图 乐 活 艺 暇 营 放 学 化 远 品 画
拼 棒 园 击 拳 缝 远 针 鱼 的 舞 术 戏 击 利
舞 术 缝 园 乐 潜 扩 张 活 能 潜 影 暇 术 影
足 趣 园 利 跳 舞 影 织 工 松 纫 读 织 露 缝
利 法 活 利 拼 混 乱 摄 篮 影 游 活 法 气 摄
磁 性 拼 公 露 园 狩 篮 读 陶 影 影 画 体 纫
拼 原 陶 式 狩 拳 核 营 陶 潜 画 品 篮 钓 益
织 影 子 营 跳 活 益 动 密 度 动 猎 拼 影 篮
益 学 技 利 远 纫 放 击 度 速 动 加 品 能 阅
重 力 园 园 趣 能 魔 戏 频 率 益 狩 趣 益 影
技 松 猎 读 阅 趣 摄 法 益 活 织 益 魔 鱼 图

加速度	重力
原子	磁性
混乱	力学
化学的	分子
密度	引擎
电子	粒子
扩张	相对论
公式	普遍的
频率	速度
气体	

42 - Agronomia

趣	织	品	农	趣	水	园	猎	有	肥	环	活	狩	疾	舞
图	能	松	业	乐	摄	益	瓷	机	料	境	钓	活	病	绘
游	戏	暇	钓	生	种	蔬	菜	游	阅	画	艺	篮	影
拼	鱼	足	乐	产	松	游	猎	法	工	足	魔	鱼	针
远	放	舞	绘	鱼	动	术	瓷	放	篮	跳	艺	阅	棒
拳	读	鱼	营	放	法	针	活	工	园	动	棒	源	棒
跳	放	缝	露	球	魔	魔	食	术	植	能	针	球
放	画	摄	阅	画	瓷	艺	物	动	棒	瓷	的	放
球	术	鱼	营	图	篮	潜	园	画	猎	品	工	远
系	狩	针	阅	足	艺	活	猎	球	益	乡	村	戏
舞	统	棒	摄	艺	研	科	舞	土	园	动	潜
游	针	足	拳	篮	松	品	魔	法	壤	品	技
篮	工	拼	放	戏	放	篮	瓷	乐	猎	阅	猎
鱼	乐	暇	术	狩	潜	园	动	蚀	潜	利	钓
鱼	纫	陶	棒	球	工	污	染	露	趣	动	技	远	活

农业   植物
环境   生产
食物   研究
生态学   乡村的
能源   科学
侵蚀   种子
肥料   系统
污染   土壤
疾病   蔬菜
有机

43 - Erboristeria

图跳缝纫击益跳利画球术织工活游
暇动狩读摄阅针园香菜薄鱼击陶影
魔跳击趣棒活魔魔迭狩荷放百拳魔
动足乐猎暇纫织瓷迷游利动里园球
法图绿色舞鱼术绘能术技拼香莳钓
影游潜针罗影魔棒放营术图芳钓萝
陶露技质勒益魔击足瓷品趣读足远
戏鱼魔量花红藏舞瓷成乐舞图猎缝
舞技活烹魔园大薰放分魔游钓动技
针工跳动饪瓷蒜衣球织画营拳法
乐工园鱼茴香龙草猎绘击鱼暇绘图
游影影暇织影蒿影棒利图法术品营
织陶松牛阅读马郁兰瓷园技拼跳棒
跳暇瓷至读花游缝足球益篮益魔术
针术击跳法能瓷鱼艺跳篮针跳法放

大蒜　　　　　马郁兰
莳萝　　　　　薄荷
芳香　　　　　牛至
罗勒　　　　　香菜
烹饪　　　　　质量
龙蒿　　　　　迷迭香
茴香　　　　　百里香
花园　　　　　绿色
成分　　　　　藏红花
薰衣草

44 - Biologia

神	经	暇	篮	影	魔	拼	摄	纫	工	进	艺	法	跳	爬
益	戏	魔	法	营	钓	趣	放	阅	跳	技	化	艺	技	行
画	拳	松	趣	缝	画	织	营	钓	击	钓	拳	法	摄	动
胶	原	瓷	益	狩	品	鱼	游	触	突	读	法	放	露	物
球	篮	跳	狩	跳	工	益	趣	松	变	缝	拳	读	纫	动
艺	足	光	摄	露	瓷	舞	园	游	画	法	趣	法	神	乳
菌	远	合	蛋	胚	远	活	画	棒	陶	动	跳	读	经	哺
细	胞	作	白	胎	放	能	狩	瓷	棒	瓷	法	摄	元	激
跳	读	用	质	乐	猎	影	舞	技	趣	舞	影	远	益	素
缝	远	猎	绘	技	术	缝	益	营	棒	阅	球	法	陶	猎
魔	钓	拳	钓	陶	染	缝	图	猎	缝	酶	活	艺	阅	工
跳	解	篮	拼	暇	共	色	阅	松	篮	益	针	技	游	动
园	剖	瓷	魔	园	生	动	体	读	能	法	技	远	益	游
自	学	猎	钓	趣	瓷	篮	影	法	图	艺	拼	鱼	渗	艺
舞	然	舞	舞	放	艺	拳	露	利	拼	跳	缝	拼	透	品

解剖学	自然
细菌	神经
细胞	神经元
胶原	激素
染色体	渗透
胚胎	蛋白质
进化	爬行动物
光合作用	共生
哺乳动物	突触
突变	

45 - Attività Commerciale

织 棒 篮 缝 击 工 厂 雇 交 远 陶 术 职 棒 钓
影 鱼 陶 针 园 钱 动 主 易 画 远 利 业 放 狩
乐 预 纫 球 绘 工 营 远 画 戏 收 纫 生 足 画
益 算 读 舞 棒 鱼 工 活 艺 经 入 能 涯 趣 鱼
读 绘 趣 品 鱼 能 品 营 瓷 济 钓 能 陶 陶 活
鱼 能 游 松 品 影 益 游 趣 读 学 陶 艺 园
舞 利 影 法 击 画 品 潜 棒 陶 能 工 投 读
绘 针 舞 术 工 术 活 游 织 棒 露 纫 资 织
术 活 针 艺 阅 能 术 猎 陶 魔 技 鱼 戏 猎
狩 折 扣 拼 远 暇 阅 阅 鱼 术 击 戏 戏 拳
成 本 拼 利 润 钓 术 员 办 司 松 阅 工 织
品 针 篮 艺 游 术 艺 工 拳 魔 潜 影 动 松
商 棒 狩 阅 足 绘 陶 放 影 金 摄 跳 益
画 店 球 货 币 销 售 读 游 能 拳 融 放 工 瓷
篮 球 放 品 舞 能 画 戏 篮 术 足 鱼 法 露 戏

预算
职业生涯
成本
雇主
员工
经济学
工厂
金融
投资
商品

商店
利润
收入
折扣
公司
交易
办公室
货币
销售

46 - Fiori

针	足	纫	游	花	利	游	工	营	球	钓	戏	球	艺	棒
跳	动	芙	动	猎	束	跳	画	蒲	织	术	拳	击	松	潜
陶	拳	蓉	织	击	猎	钓	放	公	鱼	影	狩	读	织	营
拳	陶	技	工	画	瓣	营	牡	英	舞	击	郁	钓	击	乐
猎	法	画	水	仙	花	兰	丹	拼	画	画	金	利	能	魔
益	品	品	摄	拳	百	合	向	能	露	艺	香	球	戏	纫
园	绘	园	钓	织	乐	放	日	狩	绘	术	活	术	能	能
摄	术	玉	兰	拼	营	图	葵	动	击	术	趣	松	球	球
鱼	跳	读	活	露	茉	营	篮	品	远	技	舞	远	舞	篮
技	动	拳	拳	益	莉	园	跳	足	击	猎	陶	钓	画	鱼
技	罂	粟	益	摄	花	盏	金	拼	画	猎	雏	画	乐	乐
术	暇	篮	薰	篮	纫	子	玫	魔	松	趣	远	菊	暇	术
西	番	莲	衣	松	舞	篮	瑰	动	钓	织	阅	暇	能	能
放	乐	击	草	叶	三	技	栀	远	球	绘	术	乐	法	法
游	利	陶	针	暇	狩	猎	鱼	画	远	露	舞	织	动	球

金盏花	花束
蒲公英	水仙花
栀子花	兰花
茉莉花	罂粟
百合	西番莲
向日葵	牡丹
芙蓉	花瓣
薰衣草	玫瑰
玉兰	三叶草
雏菊	郁金香

47 - Discipline Scientifiche

游 猎 乐 绘 地 术 暇 考 露 影 钓 趣 术 击 跳
动 纫 品 益 击 质 陶 古 品 趣 暇 远 针 趣 远
跳 击 鱼 舞 狩 绘 学 学 言 语 拳 织 利 球 画
园 神 跳 戏 篮 潜 理 疫 术 瓷 益 园 绘 远 跳
针 经 钓 针 篮 针 心 免 利 松 营 品 球 法 戏
营 学 文 天 植 物 学 理 生 狩 矿 物 学 力 动
戏 物 园 活 阅 影 生 物 化 学 棒 摄 会 气 瓷
松 生 纫 钓 拼 影 舞 活 远 松 能 缝 社 象 缝
击 篮 影 魔 露 趣 能 利 利 趣 潜 术 乐 学 能
技 瓷 园 动 技 读 戏 生 能 工 拼 工 舞 放 艺
能 艺 摄 物 松 针 戏 热 态 画 露 狩 阅 暇 拼
解 剖 学 学 击 露 跳 阅 力 学 工 技 狩 露 松
猎 棒 动 拳 瓷 暇 篮 能 鱼 学 暇 园 戏 暇 潜
鱼 技 棒 法 画 露 缝 织 利 纫 品 放 钓 趣 利
化 学 法 园 技 阅 猎 针 游 绘 纫 远 纫 乐 舞

解剖学	免疫学
考古学	语言学
天文学	力学
生物化学	气象学
生物学	矿物学
植物学	神经学
化学	心理学
生态学	社会学
生理学	热力学
地质学	动物学

48 - Scienza

工	猎	鱼	足	拳	魔	科	画	球	钓	放	艺	钓	拼	园
营	纫	露	影	假	设	学	动	棒	击	技	戏	园	潜	棒
松	舞	摄	重	法	钓	家	读	击	图	跳	放	工	针	图
拼	足	针	力	实	验	室	松	图	远	松	品	园	艺	工
大	事	技	艺	舞	瓷	动	园	陶	拳	足	露	读	足	园
自	实	化	学	的	阅	魔	益	游	潜	瓷	园	图	影	球
然	粒	子	气	候	化	石	足	绘	法	露	影	潜	舞	读
织	营	矿	织	图	营	魔	能	趣	棒	趣	跳	陶	乐	拳
潜	工	营	物	品	棒	魔	跳	跳	技	针	钓	钓	能	方
画	魔	鱼	暇	生	拳	工	远	鱼	戏	能	动	观	进	法
益	球	实	益	远	钓	拼	魔	魔	游	利	画	察	化	猎
潜	益	陶	验	阅	绘	游	钓	活	针	分	能	趣	游	艺
乐	品	钓	击	园	图	数	戏	动	子	读	击	营	能
击	品	篮	物	理	原	子	阅	拳	针	活	瓷	游	露
能	利	缝	击	营	技	画	摄	游	艺	品	摄	魔	游	绘

原子	假设
化学的	实验室
气候	方法
数据	矿物
实验	分子
进化	大自然
事实	生物
物理	观察
化石	粒子
重力	科学家

49 - Acqua

波游术篮益猎艺击术球乐拳钓游艺
浪图鱼绘潜钓瓷远瓷河钓品利利品
鱼法远法活利园舞影运园鱼狩洪营
球园足远技鱼棒针织游拼暇阅水织
湿度拼艺趣放活击击季读足摄陶篮
技击拳雨间歇泉潮营拳风园影品跳
活松球湖足艺法湿读松鱼趣露园拳
乐露冰击绘猎陶跳击松雪钓球益
球魔利园狩术绘游拼猎放利能蒸针
鱼击陶篮露影远淋棒瓷利营汽舞
营活露潜拼益海读浴影钓狩拳戏品
松拼击灌溉拼舞洋工猎拳能舞术能
品戏绘摄影戏飓蒸棒园拼织游乐猎
营潜瓷技动影风发艺趣棒能舞狩霜
钓球戏拼游钓缝品艺魔艺跳动影营

洪水　　　　　海洋
运河　　　　　波浪
淋浴　　　　　湿度
蒸发　　　　　潮湿
间歇泉　　　　飓风
灌溉　　　　　蒸汽
季风

50 - Imbarcazioni

纫	筏	织	术	拼	湖	绳	摄	鱼	戏	拳	法	绘	海	独
缝	魔	艺	拳	浮	标	子	技	趣	魔	图	足	乐	上	木
瓷	工	艺	棒	趣	足	拼	工	鱼	戏	工	放	陶	的	舟
击	术	戏	图	品	阅	引	绘	鱼	动	击	益	魔	能	绘
帆	远	法	猎	篮	放	擎	放	利	园	拼	园	潜	活	鱼
员	船	游	摄	艺	阅	鱼	益	动	益	跳	陶	绘	击	远
击	缝	艇	狩	皮	营	品	读	猎	纫	缝	远	影	能	狩
狩	活	拼	趣	艇	跳	击	阅	河	品	织	击	陶	远	读
活	织	益	狩	鱼	击	利	影	松	拳	露	钓	魔	摄	影
舞	桅	针	鱼	法	能	海	术	水	手	露	动	放	法	棒
画	杆	游	艺	潮	魔	技	游	放	益	阅	狩	益	陶	陶
趣	针	松	摄	营	乐	渡	利	图	狩	球	击	动	读	绘
暇	能	击	针	拼	技	狩	轮	波	利	艺	针	游	工	松
暇	营	棒	图	锚	技	活	品	浪	棒	利	瓷	针	拳	工
工	跳	跳	艺	跳	织	陶	阅	海	洋	鱼	画	放	织	阅

桅杆   水手
帆船   引擎
浮标   海上的
独木舟   海洋
绳子   波浪
船员   渡轮
皮艇   游艇

51 - Chimica

瓷	拼	钓	技	利	针	液	能	工	催	化	剂	猎	核	暇
缝	拳	阅	乐	戏	乐	足	体	暇	足	钓	术	鱼	动	读
动	趣	读	画	远	趣	钓	暇	益	鱼	棒	鱼	钓	暇	动
温	度	工	戏	篮	狩	摄	阅	阅	益	营	图	棒	狩	潜
影	露	画	能	乐	魔	缝	碱	松	电	有	机	阅	戏	缝
放	氧	游	园	魔	针	放	露	性	子	分	利	术	针	舞
篮	篮	棒	益	活	远	舞	拼	术	氯	针	戏	钓	术	猎
拼	动	影	读	图	鱼	益	活	酶	重	量	艺	乐	远	猎
跳	击	园	趣	暇	暇	绘	猎	瓷	趣	击	舞	魔	跳	画
露	利	足	织	动	针	瓷	热	缝	阅	益	图	跳	缝	缝
篮	酸	缝	游	离	瓷	影	工	钓	足	舞	碳	击	缝	图
织	戏	动	营	子	原	利	钓	舞	图	狩	摄	缝	艺	气
戏	拳	营	跳	摄	舞	纫	园	足	摄	跳	能	阅	陶	体
棒	远	远	图	舞	盐	猎	图	远	击	技	放	趣	动	针
击	魔	益	远	潜	氢	瓷	纫	拼	营	动	松	潜	艺	暇

碱性
原子
催化剂
电子
气体
离子

液体
分子
有机
重量
温度

52 - Api

摄	鱼	针	多	露	足	纫	品	球	动	品	摄	篮	工	乐
技	拼	鱼	拳	样	能	影	绘	篮	足	露	篮	狩	球	艺
艺	技	绘	影	暇	性	生	境	足	跳	跳	食	阅	潜	足
活	瓷	戏	乐	绘	园	魔	艺	陶	摄	阅	物	图	图	影
篮	松	翅	膀	趣	球	利	工	潜	棒	活	松	舞	乐	潜
有	益	的	益	昆	虫	松	益	烟	乐	击	开	园	女	鱼
影	技	暇	游	园	纫	放	蜜	蜂	利	舞	技	花	王	生
画	益	拼	能	潜	绘	摄	法	巢	戏	戏	术	足	瓷	态
陶	魔	益	球	远	营	群	太	猎	趣	拳	花	放	球	系
陶	松	益	暇	植	物	足	阳	瓷	趣	读	粉	缝	营	统
针	远	法	松	潜	术	品	棒	远	拼	猎	鱼	阅	利	放
棒	棒	益	远	纫	品	乐	图	放	松	钓	水	工	瓷	跳
跳	趣	工	画	露	趣	跳	棒	艺	足	跳	舞	果	松	乐
营	法	技	露	动	读	针	钓	猎	击	球	技	乐	缝
活	放	放	营	图	艺	动	鱼	图	拼	放	蜡	画	潜	读

翅膀	花园
蜂巢	生境
有益的	昆虫
食物	蜂蜜
多样性	植物
生态系统	花粉
开花	女王
水果	太阳

53 - Strumenti Musicali

暇 技 品 足 园 陶 潜 绘 钓 织 游 班 竖 针 技
缝 鱼 缝 艺 织 缝 工 棒 钢 长 笛 戏 卓 琴 口
益 品 品 缝 法 拳 针 足 琴 吉 棒 术 瓷 琴 活
游 纫 打 击 乐 器 法 松 提 他 萨 克 斯 管 陶
利 缝 大 提 琴 球 潜 陶 小 动 拳 乐 单 簧 管
拼 影 陶 工 松 猎 瓷 画 跳 利 活 跳 魔 绘 簧
动 喇 叭 瓷 术 画 利 画 魔 益 鱼 魔 狩 狩 双
狩 远 潜 戏 远 艺 舞 品 术 足 钓 工 暇 潜
针 营 利 法 画 画 术 放 纫 工 影 乐 鼓 纫
品 品 能 放 利 活 缝 摄 术 营 法 击 足 图 图
放 趣 针 球 远 巴 狩 益 动 阅 纫 缝 魔 摄 跳
品 纫 法 摄 曼 陀 林 足 阅 品 暇 织 阅 织
舞 术 品 远 拼 摄 舞 马 跳 营 露 织 陶 长 号
图 园 针 读 艺 艺 拳 影 魔 舞 猎 读 游 足 猎
铃 鼓 巴 松 管 活 潜 魔 游 品 读 针 瓷 魔 鱼

口琴
竖琴
班卓琴
吉他
单簧管
巴松管
长笛
曼陀林
马林巴

双簧管
打击乐器
钢琴
萨克斯管
铃鼓
喇叭
长号
小提琴
大提琴

缝	戏	篮	发	球	缝	语	言	学	家	学	物	生	乐	工
飞	行	员	明	放	利	动	品	利	鱼	瓷	陶	阅	技	程
击	舞	理	者	艺	放	影	击	乐	篮	钓	游	读	能	师
织	织	管	图	潜	放	益	舞	放	读	画	放	球	跳	品
技	狩	书	法	趣	工	园	图	图	绘	戏	篮	动	摄	纫
趣	活	图	拼	魔	球	球	拳	画	织	利	魔	拼	棒	击
陶	利	针	钓	画	针	艺	游	利	画	艺	利	艺	松	篮
利	营	阅	能	猎	陶	摄	宇	航	员	阅	棒	牙	医	钓
研	潜	游	钓	游	棒	瓷	影	艺	织	益	读	影	工	技
图	究	织	艺	拼	猎	记	者	师	影	瓷	狩	魔	松	品
乐	营	员	插	足	缝	技	暇	老	棒	狩	魔	医	舞	钓
戏	钓	术	画	狩	动	戏	利	拼	潜	利	侦	生	品	园
缝	画	狩	家	鱼	物	图	阅	图	瓷	缝	探	医	术	丁
暇	魔	露	乐	画	学	技	放	狩	趣	篮	能	医	钓	乐
哲	学	家	影	织	家	品	球	缝	动	园	阅	外	图	法

宇航员	插画家
图书管理员	工程师
生物学家	老师
外科医生	发明者
牙医	语言学家
侦探	医生
哲学家	飞行员
摄影师	画家
园丁	研究员
记者	动物学家

55 - Letteratura

益 放 暇 松 狩 阅 图 织 棒 露 诗 分 析 传 图
品 鱼 纫 诗 图 拼 篮 潜 露 读 钓 意 园 游 记
阅 潜 工 阅 远 篮 鱼 工 松 摄 工 技 球 击 棒
活 风 狩 动 陶 拳 狩 术 拼 悲 足 能 品 放
针 格 绘 魔 陶 瓷 暇 缝 剧 钓 活 狩 法 趣
篮 隐 喻 球 瓷 潜 缝 图 动 轶 击 图 阅 艺
狩 球 技 园 缝 画 织 放 暇 对 事 拼 韵 钓 陶
动 描 述 读 益 跳 瓷 缝 狩 话 趣 绘 园 针 击
陶 钓 工 营 织 阅 织 能 缝 拳 读 摄 拳 织 益
益 球 结 缝 艺 鱼 拼 织 陶 游 足 暇 类 节 篮
类 型 论 跳 远 营 影 小 说 露 针 意 比 奏 术
钓 画 针 猎 游 缝 舞 猎 园 陶 潜 见 能 鱼 乐
足 篮 放 松 品 跳 戏 影 作 者 工 术 阅 潜 缝
游 魔 读 足 图 工 营 比 较 鱼 能 击 魔 魔 足
露 戏 品 活 戏 魔 鱼 戏 能 猎 园 主 题 技 术

分析　　　　　　型
类比　　　　　　隐喻
轶事　　　　　　意见
作者　　　　　　诗意
传记　　　　　　结节
结论　　　　　　比小
比较　　　　　　描风
描述　　　　　　对主
对话　　　　　　悲

击	利	图	艺	艺	活	绘	葡	鱼	远	足	足	棒	陶	松
陶	图	品	园	针	营	纫	萄	戏	拳	击	纫	阅	读	钓
工	篮	摄	营	工	阅	影	篮	狩	影	鱼	缝	舞	能	击
舞	摄	活	击	益	艺	益	陶	织	阅	读	蘑	摄	能	拼
针	阅	足	针	游	香	蕉	远	工	利	放	菇	戏	米	放
狩	鸡	品	织	松	纫	阅	趣	术	能	陶	足	击	技	戏
摄	缝	动	针	术	西	远	绘	能	拳	品	舞	动	樱	艺
法	术	能	缝	技	阅	兰	舞	露	潜	击	远	拼	活	桃
陶	读	活	摄	陶	面	放	花	魔	品	图	法	陶	拳	猴
术	拳	跳	法	钓	包	戏	画	松	绘	蛋	苹	瓷	潜	猕
潜	戏	法	鱼	影	钓	摄	技	芹	菜	阅	果	缝	术	鱼
技	技	狩	陶	针	魔	击	能	足	放	能	击	松	活	魔
小	麦	松	图	子	奶	酸	放	棒	针	击	读	活	戏	画
魔	棒	篮	番	茄	酪	火	陶	图	狩	巧	克	力	品	潜
阅	狩	图	术	舞	工	腿	鱼	画	游	乐	鱼	针	绘	暇

香蕉
西兰花
樱桃
巧克力
奶酪
蘑菇
小麦
猕猴桃

苹果
茄子
面包
番茄
火腿
芹菜
葡萄
酸奶

57 - Nutrizione

营 绘 瓷 营 放 维 狩 跳 乐 营 图 健 康 趣 潜
法 物 阅 拳 球 生 画 击 乐 动 读 露 远 鱼 利
工 合 液 拼 魔 素 摄 球 篮 游 拼 卡 路 里 绘
消 化 酱 体 平 篮 陶 图 拳 营 重 量 利 术 篮
阅 水 暇 鱼 衡 篮 画 技 鱼 魔 鱼 工 阅 术 绘
动 碳 钓 能 的 拼 乐 苦 阅 拼 露 艺 松 猎 园
质 击 松 术 钓 乐 棒 舞 发 品 缝 足 技 活 织
白 量 香 料 绘 技 鱼 营 拼 酵 绘 纫 活 球
蛋 术 技 戏 益 阅 舞 棒 绘 读 能 影 摄 用 营
猎 游 乐 钓 魔 阅 放 拼 猎 能 跳 营 饮 食 棒
益 击 暇 击 能 魔 拳 能 活 利 远 织 魔 击 球
纫 瓷 艺 能 击 放 术 纫 养 分 动 绘 露 陶 游
钓 织 潜 陶 食 欲 足 纫 松 球 露 放 活 瓷 乐
舞 猎 术 戏 松 潜 放 技 毒 素 术 游 图 味 远
瓷 艺 画 品 织 利 缝 利 图 乐 法 利 鱼 道 瓷

食欲　　　　　　　　　液体
平衡的　　　　　　　　养分
卡路里　　　　　　　　重量
碳水化合物　　　　　　蛋白质
食用　　　　　　　　　质量
饮食　　　　　　　　　健康
消化　　　　　　　　　香料
发酵　　　　　　　　　毒素
味道　　　　　　　　　维生素

58 - Matematica

绘	魔	露	潜	图	绘	十	篮	活	放	营	能	暇	画	织
乐	动	绘	舞	分	数	进	瓷	工	缝	阅	戏	利	针	活
篮	活	术	篮	能	指	制	摄	球	放	活	缝	多	形	术
陶	击	趣	益	潜	戏	戏	工	足	工	陶	读	暇	边	放
广	场	园	法	纫	平	松	能	垂	直	舞	趣	法	四	形
拼	乐	球	几	工	行	纫	钓	鱼	方	画	纫	针	行	矩
技	品	织	何	钓	织	阅	纫	利	程	潜	游	陶	平	棒
技	戏	猎	学	跳	法	周	营	瓷	击	算	术	品	画	钓
绘	戏	活	魔	能	三	长	暇	营	术	松	远	趣	棒	远
戏	陶	营	陶	击	角	针	钓	狩	针	缝	对	称	缝	乐
半	放	乐	图	直	形	跳	织	技	游	鱼	拳	篮	篮	针
径	舞	拳	篮	篮	径	猎	远	画	跳	猎	露	棒	益	活
角	活	活	读	足	能	陶	魔	钓	术	瓷	能	狩	图	园
暇	度	狩	趣	狩	足	艺	影	棒	活	法	戏	击	工	钓
影	鱼	图	放	鱼	和	跳	针	技	卷	绘	棒	陶	技	益

角度	平行四边形
算术	周长
十进制	垂直
直径	多边形
方程	广场
指数	半径
分数	矩形
几何学	对称
平行	三角形

59 - Meditazione

松露园游足沉运放明晰绘利球拳钓
游篮织利拳默动猎绘动醒跳益舞足狩
读潜图益击术营绘暇醒跳阅益舞绒猎
舞球足图足篮乐图松园棒跳阅趣针针
跳棒球松跳同织魔图松棒自然狩针潜工
利足平静缝情缝球大益潜读营影放拼绒
影术棒呼读篮跳活暇针读读影画品品
针缝戏吸魔陶活利暇针读术绒阅针松园
拼艺品放影放瓷和习术绘针缝击松放
情趣潜读影艺利平惯绘暇舞陶能读放
拳球戏缝动画棒利拼针舞击拳篮读篮
术篮心理园善良趣织拳狩乐术观放
园跳接受活感远园园园乐织狩篮棒绒姿察
园幸福透视激趣工鱼图影益活远放能势

習惯
接受
平静
明晰
同情绪
情幸福良
善激
感理
心

运动
音乐
大自然
观察
和平
姿势透视
呼吸
沉默

60 - Elettricità

电	电	钓	动	益	远	图	拳	猎	跳	工	魔	击	品	图
术	线	缆	游	篮	动	读	猎	利	利	营	利	球	技	动
图	积	动	艺	游	益	影	能	击	陶	画	舞	术	艺
球	极	瓷	松	针	活	园	利	舞	露	猎	品	球	工
利	的	对	陶	艺	影	设	暇	拼	鱼	足	露	术	营
法	绘	象	能	影	品	备	钓	魔	戏	园	拳	球
法	乐	织	击	放	陶	狩	术	舞	纫	织	露	读	舞
棒	绘	营	球	狩	织	法	戏	松	动	足	露	棒	球
缝	能	趣	影	拳	磁	露	绘	园	松	绘	鱼	足	陶
陶	阅	园	陶	趣	铁	足	缝	狩	戏	松	否	钓	激	利
摄	益	松	网	营	艺	陶	拳	数	量	池	织	猎	光	戏
击	击	纫	络	松	品	读	放	话	电	技	钓	益	织
钓	跳	阅	鱼	猎	机	瓷	品	缝	工	跳	跳	击	乐
戏	画	动	营	视	电	绘	画	针	营	足	瓷	棒	远
暇	灯	灯	泡	鱼	发	松	座	能	益	露	瓷	棒	摄	篮

设备
电池
电缆
电工
电线
发电机
灯泡
激光

磁铁
对象
积极的
插座
数量
网络
电话
电视

61 - Antiquariato

价 值 跳 纫 篮 园 摄 猎 摄 针 趣 陶 图 图 摄
瓷 纫 拼 游 猎 棒 暇 绘 远 瓷 游 跳 棒 纫 狩
针 利 棒 瓷 动 利 价 格 园 狩 营 棒 舞 猎 织
园 足 趣 戏 装 绘 风 猎 乐 图 远 园 舞 猎 猎
魔 能 阅 趣 工 饰 性 图 摄 活 钓 舞 画 趣 趣
世 纪 品 纫 益 影 陶 狩 钓 动 鱼 潜 异 织
潜 乐 魔 跳 拼 法 的 园 拼 雅 针 拼 常 资
艺 利 松 法 乐 拍 钓 瓷 读 益 狩 投 术
钓 术 纫 游 园 卖 拳 十 优 雅 游 足
钓 拼 暇 品 利 绘 织 家 年 乐 阅 活 戏 戏
松 跳 摄 拼 露 缝 篮 具 术 雕 活 游 放 宗
恢 狩 利 舞 艺 织 活 游 乐 塑 摄 益 正 瓷
复 读 戏 足 舞 拼 技 击 币 棒 篮 织 魔 件
足 益 拼 摄 老 远 画 廊 潜 利 读 棒 条 远
动 工 游 潜 艺 技 质 量 读 跳 趣 放 远 织 园

艺术
拍卖
正宗
条件
几十年
装饰性的
优雅
画廊
异常
投资

家具
硬币
价格
质量
恢复
世风
价值

62 - Fotografia

绘	工	织	术	营	放	篮	缝	黑	园	比	对	针	远	球
舞	瓷	放	游	视	觉	的	戏	色	颜	法	针	象	拼	瓷
园	戏	营	绘	营	艺	绘	拼	露	远	益	定	篮	足	钓
瓷	瓷	摄	纫	瓷	球	阅	动	影	游	营	义	钓	能	猎
绘	园	格	式	艺	术	利	框	主	题	游	肖	像	游	活
园	潜	摄	狩	瓷	利	利	照	架	活	质	像	织	活	纫
趣	艺	阅	读	远	放	利	相	游	拼	地	放	绘	活	绘
园	工	画	棒	织	动	拼	机	术	鱼	读	游	纫	魔	拳
摄	乐	舞	远	魔	缝	远	摄	猎	摄	益	法	趣	术	影
品	趣	松	潜	透	展	览	松	露	潜	技	魔	绘	针	织
工	猎	益	针	视	篮	技	舞	纫	趣	织	利	动	舞	放
阅	读	潜	针	篮	狩	缝	灯	光	球	营	营	暇	纫	击
软	化	暇	影	缝	黑	图	阴	缝	营	放	舞	组	舞	远
工	魔	阅	针	营	园	暗	影	图	钓	放	缝	成	园	术
游	能	露	影	陶	技	舞	园	狩	击	瓷	陶	读	舞	术

软化
黑暗
颜色
组成
对比
框架
定义
展览
格式
灯光

黑色
对象
阴影
透视
肖像
主题
照相机
质地
视觉的

63 - Escursionismo

足画露暇靴针远峰猎钓露放跳篮瓷
图太阳松子指南会利狩松图瓷营动
放荒营艺趣活画读戏纫鱼动乐跳舞
露野趣松潜放摄织跳术活摄累瓷
园工球读拳营纫击足缝远技魔放
篮篮气球暇魔画阅潜阅足品益戏
棒戏候乐益织利足魔球魔营绘术
方向利陶潜拼动露狩能法鱼击
法营绘园利品营狩魔陶露
艺棒足拳公利球篮影球游利准活
石头动陶画益技乐足针放危
潜悬崖利缝画放山趣潜球鱼图害
松画游织地影潜自图潜活
球潜跳瓷园技工影益游然技钓
篮狩游趣游水戏重品跳游技法

动物
露营
气候
指南
地图
大自然
方向
公园

危害
害头
石备
准崖
悬野
荒阳
太子
靴会
峰

钓	瓷	摄	制	利	动	术	读	拼	动	音	品	水	读	工
舞	远	足	营	图	跳	能	织	乐	篮	乐	缝	棒	管	狩
绘	钓	舞	趣	纫	师	地	质	学	家	家	露	活	银	工
护	士	蹈	能	松	松	摄	法	织	琴	学	兽	医	行	缝
术	松	家	阅	利	织	动	舞	工	钢	乐	文	远	家	拼
绘	工	利	乐	艺	影	乐	针	钓	舞	能	缝	天	舞	球
乐	活	园	拳	足	影	缝	术	戏	园	营	放	舞	针	松
图	钓	篮	球	潜	鱼	球	摄	钓	科	影	珠	宝	商	艺
击	陶	鱼	画	动	击	魔	暇	能	学	活	棒	品	游	阅
术	图	能	编	陶	绘	利	猎	利	家	品	拼	绘	潜	篮
棒	大	钓	辑	拼	读	利	人	陶	足	舞	趣	阅	乐	读
戏	使	瓷	鱼	律	师	阅	影	放	缝	露	趣	教	练	舞
心	理	学	家	药	瓷	画	营	魔	图	舞	放	缝	利	图
艺	术	家	摄	剂	陶	陶	游	技	工	摄	纫	技	营	露
品	营	工	缝	师	益	品	图	绘	篮	放	篮	戏	拼	瓷

教练

药剂师

大使

地质学家

艺术家

珠宝商

天文学家

水管工

律师

护士

舞蹈家

音乐家

银行家

钢琴家

猎人

心理学家

制图师

科学家

编辑

兽医

65 - Antartide

营	拼	影	冰	纫	工	利	科	活	纫	拼	园	球	钓	击
针	半	园	川	温	度	拳	学	足	狩	潜	暇	鲸	鱼
纫	棒	岛	戏	篮	远	游	的	趣	工	利	织	能	猎	放
狩	放	益	放	暇	营	球	园	纫	击	冰	击	狩	击	跳
动	棒	地	陶	纫	营	大	地	远	远	鱼	松	园	棒
缝	工	理	足	拼	鱼	陆	形	技	放	钓	营	绘
魔	影	术	园	陶	跳	活	篮	园	征	营	乐	钓	园
趣	缝	露	潜	工	活	瓷	术	图	绘	足	乐	研	画	工
云	球	法	放	潜	狩	术	拳	保	绘	放	究	画	鱼
能	潜	远	益	露	环	织	益	护	篮	跳	员	戏	松
鱼	拳	画	利	放	境	水	读	绘	针	缝	利	活	影
拳	移	艺	术	技	阅	跳	猎	画	工	工	绘	鱼	术
纫	民	跳	乐	篮	洛	动	纫	利	棒	球	击	读	湾
放	狩	阅	活	纫	营	奇	乐	松	暇	品	岛	摄	画	陶	暇
鱼	击	技	营	针	游	摄	园	纫	陶	读	猎	屿	矿	物	纫

环境
鲸鱼
保护
大陆
地理
冰川
岛屿
移民

矿物
半岛
研究员
洛奇
科学的
远征
温度
地形

66 - Libri

术品远收狩暇缝阅上营暇露图魔潜
益钓藏暇技图狩下球诗歌拳冒品陶
织游阅放乐图画文鱼史影钓险纫跳
远法园利陶术游读跳影工缝刃乐织
跳品游暇阅能能陶松露营利乐拼针
益发棒二读潜足利摄趣露拼暇品
戏作明元远棒品拼潜利露瓷狩针
足图者拼摄拳织趣潜放读暇狩品
相关的钓露技乐鱼面的系列
放拼读篮能针趣书史拳击
露益能活文小鱼面历故事
活影图画说陶史远游
幽默悲剧松游绘拼拳松趣拼舞远
拳瓷活跳法绘品旁乐法图暇
击摄狩远园瓷魔织绘艺园画

作者   诗歌
冒险   相关的
收藏   小说
上下文   书面的
二元性   系列
史诗   故事
发明   历史的
文学   悲剧
读者   幽默
旁白

67 - Geografia

子午线篮益松影艺纫跳艺放法国术
拼篮摄棒海狩阅艺益读营图棒家术
品乐舞魔狩鱼暇阅棒影潜潜影影猎
跳益河读潜南大陆纫狩品趣猎纫陶
松猎松放利鱼绘棒益法影拼松魔露
品松园影球放山陶松北钓园足图陶
暇活击纫图戏织陶篮艺舞读针高度
阅跳领土城术画集图地放拳织放岛
舞猎足缝市球远图地区乐绘益营绘
针利益绘纫潜暇露拳钓乐瓷术针露
球棒趣绘利舞足游影乐动缝击缝织
猎阅艺跳潜戏放远松松针益缝潜松
鱼球针游松读棒棒拼远瓷工纫球缝
世界跳西法游暇技球击图半织放艺
绘术缝拳缝纬度经绘戏能猎球瓷足

高度   地图
地图集   子午线
城市   世界
大陆   国家
半球   地区
纬度   领土
经度

68 - Cibo #1

足狩针绘织术营蒜猎影品乐画棒工
能艺拼影陶读动大麦舞图园陶暇沙
织陶缝舞艺绘法艺露术松阅柠拼拉
能狩猎摄阅艺益拼影读园潜球檬球
术法工罗图工织潜利潜影猎活营动
放陶潜勒狩拳拳鱼狩趣影击品拼技
术足暇菠钓钓乐趣肉桂乐球品趣鱼
图益猎松菜跳图陶猎篮魔放篮动拳
拼魔术魔阅击果缝品绘乐瓷品盐缝
糖益猎瓷品纫汁读阅游纫潜术益戏
陶戏草莓棒足影画跳游击艺放利芜
织薄荷拼织法金棒放拼动球趣活菁
蛋纫足篮跳远枪图能法胡萝卜洋葱
糕潜陶梨益棒鱼魔游跳动肉法潜魔
针钓狩松足营钓放篮钓舞牛奶猎猎

大蒜　　　　　柠檬
罗勒　　　　　薄荷
肉桂　　　　　大麦
胡萝卜　　　　芜菁
洋葱　　　　　菠菜
草莓　　　　　果汁
沙拉　　　　　金枪鱼
牛奶　　　　　蛋糕

69 - Etica

哲	钓	图	仁	同	利	尊	益	魔	利	他	主	义	绘	影
拳	学	狩	尊	慈	情	敬	松	潜	合	潜	益	主	术	技
影	拳	影	严	击	的	松	实	作	松	织	人	篮	戏
现	实	主	义	活	鱼	远	舞	拳	法	法	暇	个	暇	趣
智	慧	瓷	画	绘	性	人	跳	拳	益	魔	术	利	击
活	击	篮	狩	合	理	缝	跳	益	影	钓	放	松	瓷
益	鱼	舞	利	活	能	钓	暇	松	影	宽	容	游	露
放	拼	法	阅	鱼	影	暇	潜	利	魔	能	远	放
棒	术	益	足	缝	针	法	园	戏	营	魔	品	品	织
魔	舞	品	陶	读	针	松	营	交	击	艺	动	缝	益
击	纫	画	能	魔	织	陶	远	远	织	影	鱼	潜	远
趣	耐	放	摄	足	能	暇	钓	放	益	棒	潜	潜	潜
针	心	舞	绘	趣	远	阅	猎	魔	魔	图	拼	纫	术
松	乐	工	针	瓷	阅	影	鱼	趣	棒	拳	术	棒	摄
纫	利	影	善	良	观	正	直	纫	缝	乐	棒	球	击

利他主义
仁慈
同情
合作
尊严
外交
哲学
善良
个人主义
正直

诚实
乐观
耐心
合理
理性
现实主义
尊敬的
智慧
宽容
人性

70 - Aeroplani

舞 读 松 猎 活 针 膨 鱼 球 术 法 降 下 技 织
园 足 游 高 术 艺 胀 瓷 缝 拳 棒 落 动 阅 戏
戏 缝 猎 度 舞 活 读 放 能 戏 拳 园 工 潜 拼
拼 乘 陶 设 潜 远 戏 品 利 术 图 潜 球 远 艺
技 客 足 计 猎 品 动 利 瓷 钓 露 露 击 活 绘
缝 拼 冒 湍 乐 利 燃 击 暇 针 阅 钓 利 鱼 利
放 击 险 流 活 趣 大 读 氢 阅 钓 露 活 利 艺
球 纫 针 工 棒 戏 球 料 球 露 篮 导 鱼 技
飞 行 员 拳 读 活 气 画 方 针 航 读 术 术 趣
猎 拼 利 影 益 露 戏 层 向 阅 球 读 艺 工
品 棒 乐 拼 陶 篮 摄 针 足 露 影 钓 动 露 利
营 利 跳 船 空 活 园 技 球 动 露 足 艺
工 图 瓷 员 画 气 趣 活 艺 魔 足 钓 趣 足 品
引 球 狩 动 历 史 法 动 术 技 击 趣 篮 品 品
足 擎 读 工 狩 天 空 利 营 缝 鱼 篮 乐 拳 趣

高度
空气
大气层
降落
冒险
燃料
天空
设计
方向
下降

船员
膨胀
引擎
导航
气球
乘客
飞行员
历史
湍流

71 - Governo

法 图 瓷 纫 司 远 露 放 跳 潜 品 钓 缝 图 工
品 政 治 绘 法 绘 画 跳 纫 放 缝 活 演 讲 钓
法 区 影 击 营 营 纫 艺 拼 远 露 读 益 足 能
缝 能 魔 拼 画 园 篮 读 技 织 拳 影 棒 阅 鱼
魔 法 权 放 图 权 平 术 戏 陶 图 瓷 跳 园 活
绘 针 趣 利 猎 力 等 讨 读 阅 松 远 园 益 陶
钓 图 园 正 纫 独 缝 论 暇 瓷 针 球 针 绘 纪
技 魔 潜 义 读 立 国 家 织 画 松 技 针 念 碑
狩 园 狩 游 跳 陶 舞 利 法 跳 球 跳 工 乐 工
法 潜 绘 暇 篮 摄 画 趣 律 篮 工 画 乐 法 工
猎 活 放 工 图 象 画 份 宪 游 猎 拳 法 陶 摄
猎 棒 露 读 魔 征 魔 身 暇 绘 织 读 球 趣 艺
跳 鱼 棒 陶 读 钓 事 民 主 能 营 球 舞 拼 露
鱼 足 阅 球 拼 影 自 公 影 趣 织 阅 拼 摄 绘
营 乐 潜 营 篮 游 能 由 状 态 动 法 狩 钓 趣

公民身份
民事
宪法
民主
权利
演讲
讨论
司法
正义
独立

法律
自由
纪念碑
国家
政治
权力
象征
状态
平等

72 - Bellezza

潜	篮	放	服	钓	击	拼	动	画	品	工	瓷	拳	舞	足
猎	活	棒	务	球	园	益	法	击	趣	活	击	魅	力	拼
远	舞	篮	游	钓	术	瓷	能	工	狩	松	戏	能	猎	戏
皮	造	型	师	鱼	露	图	艺	营	绘	露	绘	放	能	远
篮	肤	游	术	动	戏	优	雅	读	化	妆	品	园	放	露
纫	乐	球	棒	鱼	能	狩	钓	动	鱼	摄	足	游	园	篮
戏	球	拳	上	能	球	趣	松	品	乐	法	产	针	针	球
技	击	瓷	镜	营	露	动	鱼	魔	画	油	艺	剪	剪	瓷
钓	趣	远	动	营	艺	篮	香	味	暇	光	滑	刀	钓	舞
足	棒	狩	趣	画	趣	潜	狩	园	活	利	工	摄	工	拼
画	陶	篮	织	水	化	妆	拼	工	拳	睫	毛	拳	膏	艺
潜	针	艺	卷	发	画	猎	活	颜	针	摄	猎	活	读	舞
趣	摄	拳	洗	乐	口	缝	松	色	术	镜	摄	舞	鱼	瓷
营	术	画	技	绘	红	球	工	舞	子	篮	图	拼	舞	露
魔	益	潜	篮	术	益	动	舞	露	篮	暇	击	绘	露	

颜色	皮肤
化妆品	产品
优雅	卷发
魅力	口红
剪刀	服务
上镜	洗发水
香味	镜子
光滑	造型师
睫毛膏	化妆

73 - Avventura

摄	纫	品	拳	缝	读	针	狩	行	旅	行	艺	能	朋	拼
陶	法	钓	跳	摄	阅	跳	拼	程	放	益	针	狩	阅	友
放	美	图	露	针	远	跳	远	足	影	益	露	品	趣	工
准	备	读	游	陶	击	摄	技	足	品	陶	魔	瓷	拼	舞
击	安	拼	松	篮	戏	跳	艺	针	针	舞	陶	拼	目	活
动	拳	全	钓	鱼	动	喜	狩	摄	营	术	益	陶	的	新
阅	品	影	陶	舞	大	悦	乐	鱼	画	艺	钓	狩	地	法
技	暇	松	潜	魔	自	图	戏	勇	营	潜	戏	画	纫	猎
篮	能	织	放	园	然	导	敢	艺	瓷	困	难	挑	战	益
钓	图	异	钓	工	摄	露	鱼	技	魔	法	松	趣	图	
利	放	常	游	猎	营	危	狩	摄	狩	瓷	利	摄	缝	图
戏	机	松	松	技	能	险	陶	游	园	艺	鱼	乐	猎	针
针	会	织	工	织	松	缝	艺	击	魔	瓷	舞	狩	钓	活
热	情	松	法	能	画	技	法	缝	狩	拳	露	品	图	动
拼	图	猎	瓷	游	暇	乐	潜	乐	篮	工	鱼	乐	趣	缝

朋友
活动
机会
勇敢
目的地
困难
热情
远足
喜悦
异常

行程
大自然
导航
新
危险
准备
挑战
安全
旅行

74 - Forme

摄	能	纫	钓	画	潜	瓷	针	园	陶	陶	图	术	品	棒
金	瓷	能	魔	读	摄	跳	戏	陶	益	艺	图	足	针	拳
足	字	足	法	乐	弧	游	工	远	针	画	读	放	读	形
棒	工	塔	立	方	体	足	露	营	法	游	远	画	椭	圆
球	术	棒	图	品	戏	放	狩	营	三	角	形	棒	锥	椭
趣	趣	魔	击	读	画	营	摄	露	画	拼	游	松	体	潜
能	园	品	读	狩	营	圆	艺	营	瓷	狩	益	织	乐	篮
矩	形	边	多	瓷	技	筒	画	营	暇	技	瓷	陶	猎	艺
双	曲	线	乐	暇	活	线	篮	舞	松	球	乐	陶	棒	能
术	工	曲	动	活	潜	读	画	绘	工	广	绘	鱼	篮	艺
暇	舞	潜	摄	缝	拳	棒	松	球	活	场	陶	棒	营	钓
术	足	织	缝	猎	放	陶	钓	图	圈	绘	营	暇	瓷	法
绘	鱼	影	猎	画	术	边	益	潜	缝	园	能	艺	活	营
拳	工	篮	瓷	篮	魔	缘	图	棱	跳	拼	放	术	跳	露
鱼	角	落	法	针	法	戏	技	镜	足	钓	边	拼	猎	阅

角落
边缘
圆筒
锥体
立方体
曲线
椭圆
双曲线

椭圆形
金字塔
多边形
棱镜
广场
矩形
三角形

75 - Oceano

利	能	纫	利	园	鱼	放	暇	船	品	风	海	远	拼	篮
术	园	狩	暇	海	海	蜇	礁	舞	暇	暴	豚	乌	龟	瓷
潜	松	趣	魔	足	绵	拼	舞	跳	绘	技	缝	法	跳	画
读	潜	缝	工	能	摄	跳	远	暇	魔	园	阅	狩	球	松
篮	波	浪	艺	品	营	工	动	篮	放	远	针	放	陶	营
舞	趣	猎	纫	织	足	工	远	画	狩	狩	棒	球	拼	游
工	鲸	舞	乐	园	戏	益	影	图	影	针	营	法	珊	纫
钓	针	拼	瓷	魔	工	工	能	工	暇	钓	活	缝	瑚	益
足	缝	缝	跳	钓	牡	狩	趣	乐	工	纫	益	缝	乐	盐
摄	击	松	足	利	蛎	技	章	螃	远	瓷	工	图	游	猎
松	绘	益	活	阅	猎	戏	鱼	魔	蟹	潜	游	球	纫	游
能	艺	品	影	远	能	拼	鲨	阅	暇	法	术	狩	艺	技
跳	织	远	钓	陶	法	缝	鳗	针	技	舞	影	利	利	艺
戏	趣	远	露	拳	陶	画	鱼	枪	金	虾	拼	艺	暇	纫
技	影	图	游	活	绘	趣	画	画	陶	潮	汐	露	拼	露

鳗鱼
珊瑚
海豚
螃蟹
潮汐
海蜇
波浪

牡蛎
章鱼
海绵
鲨鱼
乌龟
风暴
金枪鱼

76 - Famiglia

技	拼	织	舞	鱼	益	利	趣	狩	能	篮	法	图	丈	能
阅	游	绘	棒	园	露	跳	松	陶	潜	女	球	乐	夫	暇
击	趣	棒	球	艺	织	棒	利	营	猎	儿	营	读	篮	摄
潜	读	织	纫	孩	子	祖	松	益	魔	跳	阅	趣	技	图
产	魔	营	露	姐	侄	摄	母	暇	园	乐	兄	拳	针	活
妇	暇	拳	缝	营	姐	纫	阿	针	乐	棒	弟	艺	艺	狩
织	跳	露	影	跳	艺	舞	姨	击	松	篮	鱼	营	织	拳
纫	足	暇	球	松	瓷	童	潜	松	潜	钓	法	图	影	影
营	画	的	母	叔	技	年	品	图	园	露	术	活	击	园
祖	孙	品	亲	叔	益	潜	拼	营	鱼	术	远	瓷	活	陶
父	子	工	父	父	击	阅	露	猎	祖	先	园	跳	妻	纫
营	艺	针	摄	棒	舞	瓷	营	猎	艺	球	篮	足	子	魔
影	影	拼	表	哥	活	织	潜	篮	拼	图	摄	摄	潜	双
益	能	织	乐	篮	读	图	棒	艺	阅	技	陶	织	胞
拳	品	暇	品	舞	营	放	乐	狩	瓷	狩	狩	能	游	胎

祖先	妻子
孩子	侄子
表哥	孙子
女儿	祖母
兄弟	祖父
双胞胎	父亲
童年	父亲的
母亲	姐姐
丈夫	阿姨
产妇	叔叔

77 - Creatività

技 术 愿 景 法 动 拼 纫 暇 戏 拼 拳 自 游 篮
情 绪 术 拼 纫 击 魔 活 影 纫 利 图 法 发 影
鱼 强 猎 远 狩 针 活 缝 击 乐 摄 拳 艺 阅 的
戏 度 跳 发 图 像 游 陶 拼 针 游 狩 远 松 篮
击 绘 晰 明 潜 露 法 放 瓷 工 足 球 缝 戏 暇
技 能 瓷 技 拼 艺 园 园 游 读 趣 游 舞 技 足
读 放 钓 鱼 鱼 篮 影 猎 猎 棒 动 放 针 棒 织
纫 纫 缝 直 魔 棒 松 表 击 技 缝 瓷 营 动 魔
舞 远 戏 觉 缝 舞 跳 达 狩 球 瓷 拼 能 图 图
瓷 阅 篮 趣 利 术 益 缝 能 织 图 拳 画 放 放
球 针 工 品 球 瓷 跳 营 鱼 法 鱼 术 瓷 球 球
阅 瓷 戏 剧 性 实 真 摄 艺 想 拼 鱼 球 游
力 活 艺 阅 动 舞 影 趣 术 灵 织 技 陶 乐
印 象 影 游 流 针 针 击 的 拳 感 画 球 棒
远 利 想 感 觉 棒 影 绘 图 活 艺 足 动 读 棒

技能
艺术的
真实性
明晰
戏剧性
情绪
表达
流动性
想法
想象力

图像
印象
强度
直觉
发明
灵感
自发的
愿景
活力

78 - Veicoli

狩 针 远 趣 法 画 潜 读 读 游 阅 术 足 营 陶
游 益 园 露 摄 画 织 陶 针 益 陶 潜 绘 图 钓
猎 绘 画 击 自 行 车 火 阅 魔 远 动 影 益 远
品 工 跳 鱼 潜 工 护 鱼 狩 工 乐 摄 动 火 营
篮 卡 棒 足 术 钓 救 针 画 针 动 暇 棒 箭 品
拖 车 戏 猎 摄 滑 针 画 阅 影 鱼 利 足 球
舞 拉 益 拳 读 品 板 画 影 法 胎 暇 露 技
品 针 机 飞 纫 潜 车 品 能 棒 艺 渡 轮 乐 园
陶 图 放 棒 马 艇 缝 舞 钓 棒 利 纫 法 绘 益
筏 拼 缝 暇 达 技 游 织 陶 乐 纫 远 法 益
织 摄 绘 放 狩 游 读 影 船 直 瓷 放 出 技
猎 狩 猎 棒 瓷 图 魔 游 读 缝 升 动 租 拼 活
总 地 铁 影 拼 放 舞 针 棒 利 狩 机 车 足 读
线 趣 足 趣 益 游 技 技 绘 动 戏 潜 术 瓷 魔
跳 魔 瓷 技 鱼 阅 图 绘 术 读 松 大 篷 车 汽

飞机	马达
救护车	轮胎
汽车	火箭
总线	滑板车
自行车	潜艇
卡车	出租车
大篷车	渡轮
直升机	拖拉机
地铁	火车

79 - Natura

松艺冰潜潜沙猎狩利术针益放猎术
游动川利瓷趣漠荒野织热远园能乐
缝纫态游能侵影球术松带猎活跳阅
松击狩品放蚀技魔园针动舞舞球足
绘松瓷狩动艺游工足动物跳读绘放
魔潜图露放品河暇益读织读魔纫
绘品松影营拳游狩瓷拼活树叶击动
美针乐影跳重针舞陶活园庇护所雾
松潜针活放要能瓷活趣法足难阅
击蜜蜂摄画的拼摄暇工棒活宁避动
松艺阅术纫绘动法益缝钓利静森松
艺露舞悬利游陶动狩针拼读云林趣
动乐松影崖摄棒益放北极拳图能动
潜园织影瓷瓷画织画纫益乐猎陶术
纫击趣园暇潜舞缝篮鱼篮技棒纫趣

动物　　　　　冰川
蜜蜂　　　　　庇护所
北极　　　　　避难所
沙漠　　　　　悬崖
动态　　　　　荒野
侵蚀　　　　　宁静
树叶　　　　　热带
森林　　　　　重要的

80 - Paesi #1

越	南	猎	纫	球	阅	图	园	乐	放	拼	影	露	营	鱼
游	挪	图	营	影	画	园	品	篮	法	钓	拳	影	技	品
品	威	品	陶	能	放	绘	拳	远	远	露	趣	读	艺	营
篮	跳	图	术	以	色	列	暇	跳	乐	魔	远	鱼	钓	乐
能	魔	术	摄	击	印	度	瓷	能	艺	织	摄	摄	松	园
芬	柬	埔	寨	魔	罗	马	尼	亚	园	拳	足	活	拳	技
艺	兰	瓷	潜	足	法	拿	陶	工	趣	绘	趣	能	能	乐
瓷	西	班	牙	图	益	巴	德	针	放	陶	绘	术	活	摄
摩	洛	哥	足	影	篮	绘	击	国	伊	拉	克	巴	西	棒
图	艺	园	园	猎	塞	织	放	法	法	露	术	潜	舞	摄
纫	放	放	艺	跳	内	技	暇	影	篮	猎	拳	艺	魔	魔
委	内	瑞	拉	马	加	趣	放	影	法	艺	松	术	魔	法
法	钓	乐	拳	里	尔	加	球	篮	图	舞	绘	拼	利	缝
影	埃	术	松	狩	工	潜	拿	舞	狩	球	益	远	钓	
术	及	松	针	足	技	针	读	大	利	比	亚	戏	波	兰

巴西
柬埔寨
加拿大
埃及
芬兰
德国
印度
伊拉克
以色列
利比亚

马里
摩洛哥
挪威
巴拿马
波兰
罗马尼亚
塞内加尔
西班牙
委内瑞拉
越南

81 - Geometria

暇击松放画潜舞营魔形角三理论趣
拼针露猎瓷纫棒技暇钓狩度乐针读
绘击瓷球能潜缝趣阅直径高球品棒
足拼远暇暇阅绘拳绘垂跳陶活篮瓷
针猎纫利平水露能魔动舞影术尺戏
钓法术活行放工舞钓针舞魔曲寸潜
放逻拼陶魔跳足术瓷潜放法猎线能
戏能辑园狩园对称织读乐跳暇动陶
法针击缝阅趣鱼棒计技拼猎松活能
能读松园织潜织品算织戏球能工读
缝狩绘跳营益趣球球园游瓷戏魔活
乐针绘狩织方程广场影潜能段棒活
动影狩潜拼术术魔魔中位数瓷织瓷
舞图画舞拳纫圈针动表狩图击艺技
比例技狩织拼工缝魔面趣品动纫游

82 - Foresta Pluviale

钓 品 动 技 拼 摄 游 工 气 击 营 趣 图 暇 远
技 画 趣 球 法 球 阅 瓷 候 益 篮 潜 鱼 缝 品
园 能 露 艺 松 篮 戏 魔 拼 瓷 球 瓷 品 针 益
织 营 动 篮 摄 植 读 恢 复 益 法 松 球 放 狩
瓷 读 陶 技 益 种 物 动 栖 两 纫 陶 技 昆 虫
瓷 尊 动 魔 篮 绘 动 露 避 难 所 园 球 法 活
苔 益 重 放 游 图 乳 击 术 击 园 舞 针 棒 远
藓 游 钓 活 画 品 哺 缝 云 画 戏 暇 有 戏 营
影 园 针 绘 陶 猎 绘 利 法 潜 多 松 价 暇 潜
陶 益 松 钓 能 瓷 鸟 影 趣 篮 样 缝 值 放 游
球 潜 术 法 远 鱼 类 法 工 拼 性 趣 的 猎 法
大 自 然 园 社 棒 篮 拼 动 足 远 魔 放 活 织
放 活 远 益 区 狩 图 益 图 法 阅 戏 跳 猎 拼
术 舞 放 钓 足 远 针 露 鱼 篮 击 跳 保 拳 乐
摄 针 钓 魔 棒 法 工 丛 林 法 潜 纫 存 生 艺

两栖动物	大自然
植物	保存
气候	有价值的
社区	恢复
多样性	避难所
丛林	尊重
昆虫	生存
哺乳动物	物种
苔藓	鸟类

83 - Edifici

体 足 术 营 动 暇 剧 院 大 使 馆 纫 艺 击 阅
篮 育 能 活 瓷 艺 鱼 医 钓 塔 旅 纫 益 篮 拳
纫 猎 场 针 谷 纫 乐 利 术 画 露 画 品 绘 戏
技 魔 市 艺 仓 松 篮 动 术 活 猎 暇 阅 露 松
活 缝 级 瓷 露 读 纫 读 利 实 放 击 利 鱼 利
营 篮 超 帐 摄 球 艺 放 戏 验 大 学 读 戏 乐
陶 电 针 篷 棒 利 营 拳 酒 室 利 球 读 松 能
猎 影 陶 针 潜 技 狩 技 店 术 营 城 绘 读 魔
魔 拳 篮 利 暇 远 拳 放 动 阅 艺 活 堡 影 能
猎 天 趣 织 远 露 图 暇 画 图 能 工 球 园 猎
针 能 文 学 校 舞 陶 狩 篮 狩 针 工 法 篮 画
松 活 纫 台 拼 篮 针 猎 潜 击 利 放 工 暇 趣
露 动 拳 游 陶 游 画 动 画 园 跳 暇 营 厂 园
拼 织 益 织 摄 园 球 益 跳 博 物 馆 公 寓 舱

大使馆
公寓
城堡
电影
工厂
谷仓
酒店
实验室
博物馆

医院
天文台
旅馆
学校
体育场
超级市场
剧院
帐篷
大学

84 - Malattia

摄	放	绘	舞	钓	击	露	品	免	远	远	法	画	症	戏
魔	钓	工	球	纫	潜	瓷	狩	疫	摄	图	工	放	猎	状
跳	利	术	针	读	远	舞	鱼	画	艺	工	织	游	过	营
病	营	远	游	陶	呼	影	戏	拼	远	营	图	篮	敏	活
经	原	拳	趣	活	吸	活	露	利	炎	症	织	技	松	陶
神	趣	体	园	术	的	传	摄	腰	椎	狩	动	篮	阅	阅
活	针	法	篮	动	动	染	遗	跳	细	菌	摄	针	陶	暇
术	身	体	远	品	魔	性	阅	园	慢	绘	鱼	陶	图	腹
潜	益	园	急	益	动	猎	猎	性	乐	猎	潜	图	工	部
织	活	乐	性	击	图	术	利	篮	棒	心	园	工	弱	狩
狩	棒	纫	技	缝	针	戏	动	工	骨	头	乐	陶	鱼	技
治	疗	影	活	球	足	潜	针	瓷	足	暇	活	图	陶	动
篮	游	术	乐	陶	工	法	陶	暇	棒	影	摄	魔	暇	暇
动	潜	猎	露	能	击	园	利	瓷	动	缝	读	钓	动	
利	拳	趣	足	足	乐	针	健	康	活	足	针	暇	纫	暇

工 老 阿 戏 潜 品 巴 篮 织 陶 益 球 丹 暇 海
跳 挝 利 尔 舞 益 基 绘 绘 品 鱼 棒 苏 麦 地
织 松 能 潜 巴 画 斯 绘 鱼 艺 拼 利 潜 希 腊
拼 棒 画 潜 乐 尼 坦 阅 艺 影 技 能 暇 动
魔 活 魔 利 术 亚 西 尼 度 印 本 技 钓 针
击 舞 术 游 利 比 牙 买 加 尼 日 利 亚 影
图 园 利 动 球 技 俄 戏 能 舞 技 猎 里 画
益 露 活 戏 织 塞 画 露 读 读 缝 画 比 松
舞 球 足 工 足 利 埃 读 潜 工 法 露 织 利 瓷
叙 利 亚 图 阅 趣 园 影 益 趣 动 乌 利 球 跳
乌 干 达 摄 针 技 能 画 击 画 乐 针 艺 克 乐
狩 暇 陶 针 益 趣 画 戏 法 击 纫 墨 阅 缝 兰
术 猎 益 瓷 松 艺 瓷 品 活 品 法 西 棒 摄 尔
俄 罗 斯 棒 尼 泊 尔 利 品 拳 益 哥 击 活 爱
营 远 品 舞 品 影 松 陶 读 猎 钓 松 放 露 潜

阿尔巴尼亚　　　　　利比里亚
丹麦　　　　　　　　墨西哥
埃塞俄比亚　　　　　尼泊尔
牙买加　　　　　　　尼日利亚
日本　　　　　　　　巴基斯坦
希腊　　　　　　　　俄罗斯
海地　　　　　　　　叙利亚
印度尼西亚　　　　　苏丹
爱尔兰　　　　　　　乌克兰
老挝　　　　　　　　乌干达

86 - Tipi di Capelli

灰	益	法	棒	跳	画	猎	潜	园	利	法	白	色	趣	营	
色	潜	闪	能	术	游	放	品	卷	趣	厚	松	活	纫		
远	拼	亮	绘	技	猎	图	营	曲	画	品	乐	缝	放		
潜	画	的	短	园	画	远	远	球	能	益	针	品	乐		
辫	子	软	法	戏	纫	影	画	益	阅	绘	魔	活	画		
影	影	柔	足	击	长	球	足	活	术	图	针	摄			
远	光	棕	针	瓷	营	鱼	瓷	趣	品	缝	远	金			
松	滑	绘	色	露	织	秃	针	露	放	阅	读	发			
画	技	松	魔	狩	露	针	摄	园	活	戏	工	卷			
园	读	陶	游	黑	瓷	乐	拼	松	舞	健	园	足	银		
园	拼	拳	薄	棒	球	术	针	趣	健	康	园	艺	图		
读	活	绘	瓷	暇	织	针	绘	读	绘	康	足	足	缝		
利	陶	能	游	活	跳	工	摄	乐	营	园	拳	乐	影		
拼	猎	放	画	织	法	舞	乐	游	篮	鱼	松	陶	狩		
影	趣	营	能	猎	棒	画	绘	益	拼	营	画	瓷	针		
			阅	魔	松	品	放	足	拳	舞					
						针	法	击	钓						

白色   柔软的
金发   黑色
灰色   卷曲
编织   卷发
光滑   健康
闪亮的   辫子
棕色

87 - Vestiti

巾 围 远 阅 阅 短 园 放 猎 针 时 缝 松 陶 益
织 裙 猎 园 魔 裙 魔 放 营 拳 尚 读 园 钓 工
猎 益 品 潜 衬 戏 活 远 图 放 球 陶 暇 放 游
钓 织 狩 暇 术 衫 鱼 读 技 游 陶 棒 击 鱼
陶 工 戏 击 瓷 摄 远 鞋 凉 织 游 利 艺 松
益 利 图 画 摄 技 松 裤 子 术 摄 法 摄
钓 针 潜 利 画 拳 棒 球 利 手 套 鱼 陶 影
影 影 工 狩 艺 篮 足 棒 拳 帽 夹 克 露 远 棒
击 鱼 工 阅 阅 暇 法 球 魔 牛 仔 裤 工 工 跳 松
篮 图 暇 放 阅 远 缝 连 营 拳 品 织 影 园 品
图 乐 棒 足 品 陶 益 衣 毛 睡 衣 营 项 篮 趣
戏 远 狩 瓷 营 绘 外 裙 乐 鱼 击 品 链 益 舞
带 织 摄 狩 织 法 套 营 拳 缝 缝 魔 袜 利 绘
缝 棒 品 品 拳 瓷 足 能 放 能 织 猎 拳 子 图
潜 利 绘 舞 趣 工 放 暇 品 戏 潜 阅 绘 足 工

连衣裙
手镯
袜子
衬衫子
帽子
外套
项链
夹克
短裙

围裙
手套
牛仔裤
毛衣
时尚
裤子
睡衣
凉鞋
围巾

88 - Attività e Tempo Libero

缝	足	品	游	购	物	摄	鱼	拳	园	远	瓷	读	益	篮
狩	跳	足	远	钓	画	画	击	工	足	潜	阅	击	工
阅	游	球	网	鱼	猎	益	摄	陶	足	放	图	露	猎	工
魔	冲	浪	排	篮	摄	针	拼	钓	鱼	拳	动	猎	暇	猎
趣	园	营	暇	艺	球	魔	放	露	工	鱼	拼	乐	放	松
球	术	艺	棒	趣	舞	松	潜	读	术	击	营	纫	钓	瓷
潜	水	球	球	球	放	拳	读	钓	术	读	工	魔	摄
高	跳	钓	拳	活	游	术	能	拳	缝	陶	摄	读	鱼
利	尔	松	魔	图	钓	鱼	游	动	影	能	园	足	戏	篮
利	动	夫	工	活	工	影	画	园	放	松	术	阅	跳	拳
游	绘	瓷	球	爱	纫	艺	术	艺	动	图	园	织	狩	露
球	鱼	远	品	好	影	陶	阅	球	摄	球	绘	法	趣	营
游	泳	旅	针	瓷	图	拼	潜	趣	击	露	园	潜	织	魔
动	艺	行	园	影	乐	篮	拼	陶	瓷	术	戏	利	艺	拼
艺	缝	影	动	读	动	针	露	营	放	图	篮	活	趣	暇

艺术	潜水
棒球	游泳
篮球	排球
拳击	钓鱼
足球	放松
露营	购物
远足	冲浪
园艺	网球
高尔夫球	旅行
爱好	

89 - Tecnologia

纫	园	技	击	拳	园	戏	织	远	艺	趣	游	电	潜	纫
远	暇	魔	游	织	狩	园	拳	游	暇	陶	瓷	脑	画	露
拼	舞	营	光	标	画	益	节	艺	游	乐	跳	鱼	钓	远
松	戏	鱼	棒	园	工	体	字	数	陶	阅	乐	舞	活	拼
舞	术	能	露	文	件	软	数	远	术	技	读	鱼	纫	瓷
陶	营	技	浏	览	器	能	绘	据	研	究	图	园	鱼	动
艺	摄	动	图	狩	品	击	屏	幕	数	术	暇	足	动	照
潜	露	球	舞	虚	戏	利	摄	能	狩	计	猎	博	摄	相
法	织	病	图	拟	信	鱼	能	狩	绘	统	客	动	钓	机
远	拳	毒	击	魔	影	息	技	艺	猎	绘	击	钓	棒	棒
松	瓷	动	品	乐	画	工	互	陶	品	球	绘	营	拼	绘
绘	画	篮	拼	织	篮	远	联	阅	露	营	猎	摄	针	鱼
篮	拼	织	益	狩	趣	阅	网	安	动	缝	陶	拼	技	利
篮	术	营	远	拳	绘	戏	影	全	瓷	鱼	鱼	暇	戏	画
露	营	拳	松	动	工	术	品	缝	利	舞	跳	利	技	法

博客
浏览器
字节
电脑
光标
数据
数字
文件
字体
互联网

信息
研究
屏幕
安全
软件
统计数据
照相机
虚拟
病毒

90 - Meteo

球	营	读	法	拼	气	足	工	潜	燥	干	闪	电	园	利
球	拼	法	舞	陶	猎	候	拼	足	能	球	旱	营	棒	陶
游	活	纫	摄	棒	术	阅	棒	动	益	极	读	猎	放	艺
绘	术	技	放	术	纫	阅	品	露	画	地	乐	摄	季	益
拳	利	猎	缝	动	潜	针	法	术	放	瓷	摄	猎	风	魔
棒	园	陶	暇	图	鱼	工	织	艺	舞	陶	猎	阅	活	瓷
拳	画	活	鱼	瓷	游	篮	影	击	趣	利	阅	活	猎	潜
陶	魔	放	舞	跳	戏	读	工	陶	拳	园	织	游	足	钓
摄	彩	篮	摄	足	画	戏	读	潜	潜	远	摄	游	针	针
冰	虹	缝	游	云	法	瓷	微	暇	篮	针	术	足	跳	技
舞	天	针	篮	园	雾	暴	风	卷	龙	影	温	拳	针	热
钓	读	空	露	松	纫	足	飓	益	图	足	度	魔	松	带
棒	影	活	猎	拼	园	大	拼	击	跳	潜	魔	松	艺	露
利	法	狩	能	纫	拼	气	雷	猎	狩	工	露	影	利	动
针	品	拼	缝	摄	艺	拼	声	潜	摄	纫	技	松	影	乐

彩虹
干燥
大气
微风
天空
气候
闪电
季风

极地
干旱
温度
风暴
龙卷风
热带
雷声
飓风

91 - Corpo Umano

影 舞 球 画 阅 鱼 能 脸 篮 能 工 动 瓷 乐 织
益 拼 园 动 潜 拳 影 潜 腿 魔 趣 鱼 眼 利 足
图 露 法 舞 影 针 拼 读 钓 能 图 猎 画 睛 阅
猎 猎 露 活 下 远 品 舞 摄 血 织 棒 舞 利 魔
球 乐 图 游 巴 园 园 棒 艺 织 远 篮 益 趣 拳
放 指 皮 肤 舞 脑 肩 膀 纫 影 趣 鱼 钓 篮 影
织 手 乐 篮 钓 艺 头 陶 画 趣 益 益 跳 舞 放
瓷 法 肘 摄 猎 营 图 绘 暇 营 心 画 拼 鼻 针
猎 趣 戏 部 画 潜 嘴 游 图 活 工 钓 脖 子 趣
狩 营 读 露 园 图 篮 鱼 读 跳 钓 拼 钓 钓 画
读 阅 读 法 足 露 游 动 阅 阅 乐 足 利 舞 拼
营 陶 戏 篮 活 活 拳 暇 胃 跳 篮 利 远 篮 活
技 膝 盖 阅 益 露 活 耳 鱼 狩 跳 暇 棒 摄 陶
露 动 足 猎 足 法 动 朵 营 瓷 绘 狩 戏 舞 画
缝 踝 舞 绘 品 艺 读 足 活 棒 活 魔 戏 利 拳

脖子　　　　鼻子
手指　　　　眼睛
膝盖　　　　耳朵
肘部　　　　皮肤
下巴　　　　肩膀

92 - Mammiferi

活	猩	猎	暇	魔	击	暇	工	纫	狮	猫	活	绘	远	能
拼	猩	戏	乐	艺	暇	猎	鹿	郊	子	足	棒	影	利	能
露	大	摄	鱼	图	远	放	颈	狼	拼	趣	猎	益	针	术
陶	象	袋	鼠	魔	瓷	读	长	利	摄	潜	动	游	钓	暇
狩	乐	瓷	钓	击	读	狗	摄	益	影	绘	针	猴	子	兔
篮	阅	缝	缝	露	足	棒	拳	利	舞	利	法	乐	猎	篮
趣	拳	戏	影	狩	羊	画	纫	陶	棒	露	钓	法	阅	戏
缝	绘	动	游	绘	营	海	跳	动	影	缝	拳	图	猎	乐
营	艺	钓	画	摄	画	豚	陶	狐	趣	摄	技	鱼	击	潜
技	技	放	鲸	画	法	乐	击	艺	狸	术	跳	艺	狼	工
绘	跳	乐	足	魔	拼	拼	跳	法	活	读	技	趣	篮	艺
技	艺	拳	跳	活	画	针	足	跳	能	钓	益	营	利	技
舞	马	拳	营	画	动	猎	织	戏	陶	品	画	缝	陶	瓷
公	斑	陶	篮	球	摄	暇	熊	艺	潜	球	潜	艺	益	放
技	牛	益	暇	游	钓	摄	松	猎	纫	松	放	营	棒	放

袋鼠
兔子
郊狼
海豚
大象
长颈鹿

大猩猩
狮子
猴子
公牛
狐狸
斑马

93 - Giardinaggio

狩 篮 拼 拼 艺 阅 图 棒 能 猎 叶 树 钓 术 足
益 狩 足 读 魔 活 游 法 放 影 阅 篮 营 纫 狩
远 技 拳 拳 击 动 潜 拼 魔 针 篮 篮 陶 纫 戏
鱼 击 织 舞 花 术 工 露 艺 图 污 击 魔 击 影
园 击 放 陶 的 球 园 画 活 益 垢 戏 球 远 针
阅 技 花 戏 画 营 跳 季 读 针 狩 读 针 术 篮
钓 戏 拼 束 游 击 针 节 营 狩 狩 绘 阅 能 动
松 异 钓 游 纫 图 画 性 狩 益 益 舞 工 球 戏
远 钓 国 艺 分 水 气 候 容 开 花 篮 钓 戏 营
舞 击 营 情 戏 食 用 足 器 土 品 远 针 鱼 纫
远 戏 摄 阅 调 露 益 暇 跳 壤 绘 棒 潜 魔 拳
营 纫 艺 营 工 技 舞 针 园 利 趣 果 露 图 放
篮 趣 足 瓷 乐 子 足 瓷 篮 戏 利 园 能 棒 游
击 猎 跳 软 猎 物 种 堆 舞 织 游 舞 绘 动 游
远 利 术 管 棒 植 击 肥 品 营 潜 放 法 游 棒

植物　　　　　　　果园
气候　　　　　　　花束
食用　　　　　　　种子
堆肥　　　　　　　物种
容器　　　　　　　污垢
异国情调　　　　　季节性
开花　　　　　　　土壤
花的　　　　　　　软管
树叶　　　　　　　水分

94 - Universo

露猎益黄道带魔营望利击戏陶活摄
阅画游球松能潜暇远钓艺缝舞钓拳画
体园钓舞营画针镜拼钓品狩瓷潜品
天游棒针影天篮图益趣趣拳技舞绘
松文放冬至松空大气层益游跳舞绘
放品学地松魔活益工动远半球瓷狩
拼戏读平影缝绘能魔缝经园趣戏宇
缝球缝线阅纫棒跳度活魔阅宙
拼陶球游戏天影远能纬远露利
工潜棒利拼文益鱼戏利读瓷乐暇
月工法舞足学松游瓷针读拳鱼球
亮图可园益家陶舞放星拳黑摄纫
小行星见球轨暇针松系暗利舞
游狩缝乐术道阳法趣绘影技舞
术针织利篮画缝织园游陶棒技舞影

小行星   纬度
天文学   经度
天文学家   月亮
大气层   轨道
黑暗   地平线
天体   太阳的
天空   冬至
宇宙   望远镜
半球   可见
星系   黄道带

95 - Jazz

放	绘	篮	露	猎	阅	魔	重	技	鱼	舞	猎	歌	能	足
松	术	鼓	组	纫	读	狩	点	能	趣	会	猎	远	曲	画
放	摄	钓	成	猎	狩	钓	管	弦	乐	队	品	击	钓
潜	潜	瓷	钓	露	术	动	松	营	远	音	魔	拼	球	暇
影	织	读	画	乐	术	工	球	益	击	跳	织	品	园	工
影	远	动	利	乐	足	松	松	摄	作	图	即	兴	创	作
魔	艺	术	家	纫	远	活	营	曲	营	陶	读	音	乐
缝	棒	技	暇	狩	绘	人	瓷	陶	家	陶	画	工	露	画
掌	声	图	阅	乐	专	针	才	活	织	游	戏	工	技	阅
艺	术	工	露	鱼	辑	摄	益	风	格	球	瓷	纫	益	法
钓	瓷	拳	暇	戏	法	游	节	舞	乐	绘	瓷	纫	瓷	鱼
术	活	摄	纫	猎	影	拳	奏	跳	远	老	暇	益	营	能
魔	工	钓	篮	松	著	名	的	鱼	品	猎	远	露	潜	击
放	能	影	营	类	型	影	新	放	园	篮	潜	阅	利	园
戏	益	技	摄	露	缝	针	露	钓	拼	松	陶	利	影	足

专辑　　　　　　类型
掌声　　　　　　即兴创作
艺术家　　　　　音乐
歌曲　　　　　　新的
作曲家　　　　　管弦乐队
组成　　　　　　节奏
音乐会　　　　　风格
重点　　　　　　人才
著名的　　　　　技术

96 - Vacanze #2

图	活	目	的	地	品	游	松	缝	酒	技	趣	营	足	织
图	远	地	游	戏	能	拼	远	读	店	舞	读	拳	海	暇
帐	篷	图	图	露	品	图	鱼	园	纫	护	假	针	潜	阅
岛	艺	戏	松	钓	营	暇	游	钓	瓷	照	期	术	钓	跳
影	乐	画	工	缝	益	织	远	松	纫	放	魔	织	影	影
陶	摄	足	游	棒	织	出	海	潜	品	露	潜	魔	影	摄
技	针	击	机	戏	技	租	滩	乐	魔	营	益	法	工	瓷
魔	狩	潜	场	餐	厅	车	拼	篮	足	绘	游	松	能	术
照	火	品	趣	瓷	能	击	阅	影	针	画	乐	跳	技	乐
片	车	暇	棒	纫	魔	外	篮	棒	拳	缝	陶	击	旅	程
暇	技	棒	球	纫	营	国	针	鱼	技	放	拳	游	远
运	输	跳	击	趣	纫	人	技	营	绘	织	远	法	足	松
瓷	技	影	狩	纫	营	舞	艺	游	拳	露	球	绘	趣
工	狩	足	陶	图	影	织	远	拳	钓	艺	拳	活	益	活
签	证	魔	狩	画	动	拳	潜	技	棒	动	拼	艺	营	品

机场
露营
目的地
照片
酒店
地图
护照
餐厅
海滩

外国人
出租车
帐篷
运输车
火车
假期
旅程
签证

97 - Attività

```
园 拼 瓷 园 拳 缝 活 阅 品 击 鱼 图 能 活 营
钓 纫 技 拼 缝 针 游 魔 远 松 击 织 营 阅 动
乐 织 园 针 纫 陶 跳 游 足 摄 纫 绘 拼 益 针
趣 术 艺 远 针 针 游 足 瓷 园 陶 放 拳 球 摄
读 趣 织 鱼 阅 棒 游 艺 法 阅 跳 乐 钓 影
陶 瓷 远 画 读 乐 潜 游 戏 图 趣 舞 术 戏 猎
缝 足 魔 露 狩 潜 技 活 放 松 艺 拼 拼 狩 魔
园 松 画 营 阅 针 阅 能 拼 图 狩 活 阅 魔 法
利 艺 读 纫 暇 营 陶 工 阅 读 猎 工 影 针 棒
趣 魔 拳 戏 击 棒 球 园 工 活 术 动 游 钓 拳
织 放 能 跳 戏 拼 拳 狩 艺 术 鱼 露 绘 鱼 益
游 能 园 益 法 营 篮 利 品 瓷 营 放 艺 放 工
缝 舞 利 戏 阅 绘 工 乐 狩 能 法 能 篮 暇 法
松 鱼 棒 放 法 影 营 潜 摄 远 击 远 法 足 图
瓷 露 法 绘 艺 艺 织 击 足 潜 戏 趣 织 织 棒
```

技能
艺术
工艺品
活动
狩猎
露营
陶瓷
缝纫
跳舞
远足

摄影
园艺
游戏
阅读
魔法
钓鱼
乐趣
拼图
放松

98 - Diplomazia

技	活	利	益	棒	摄	益	击	趣	技	影	术	陶	益	解
直	品	狩	利	工	球	技	能	棒	大	园	园	缝	棒	决
正	潜	舞	活	合	缝	瓷	益	魔	使	大	技	织	影	方
乐	义	动	拳	作	讨	论	暇	松	馆	术	阅	摄	拼	案
游	活	趣	益	魔	松	决	戏	篮	绘	舞	篮	图	瓷	趣
活	影	舞	拳	能	阅	议	品	狩	游	拳	画	人	放	狩
品	利	露	潜	跳	读	乐	魔	术	足	松	暇	道	动	技
府	魔	击	乐	绘	球	法	猎	拳	绘	球	主	能	技	棒
政	公	民	魔	棒	放	图	术	松	瓷	魔	义	暇	舞	趣
语	治	放	击	社	区	织	工	工	游	织	技	术	远	技
利	言	趣	伦	理	利	趣	舞	潜	钓	暇	营	远	露	鱼
工	影	工	趣	球	读	乐	读	活	织	缝	术	拳	钓	钓
纫	影	瓷	冲	突	针	动	活	能	陶	条	约	戏	潜	乐
绘	利	安	术	击	潜	益	艺	外	远	法	艺	顾	乐	利
法	读	全	跳	艺	趣	篮	钓	影	交	阅	艺	读	问	利

大使馆
大使
公民
社区
冲突
顾问
合作
外交
讨论
伦理

正义
政府
正直
语言
政治
决议
安全
解决方案
条约
人道主义

99 - Forniture Artistiche

益	读	暇	乐	击	丙	利	篮	放	水	猎	足	针	棒	露
缝	园	击	鱼	工	烯	远	创	绘	彩	墨	品	趣	针	摄
鱼	钓	针	胶	图	酸	活	造	画	架	益	针	画	益	缝
乐	远	潜	水	暇	纤	桌	力	乐	暇	猎	拼	阅	狩	园
猎	猎	狩	鱼	舞	维	狩	子	松	拳	棒	颜	色	瓷	木
松	戏	棒	猎	读	拳	鱼	放	击	球	术	针	游	品	炭
潜	击	松	暇	油	照	技	品	魔	拳	营	游	能	能	陶
益	缝	露	拼	乐	相	法	拼	能	刷	露	瓷	瓷	纸	棒
绘	艺	球	读	织	机	想	益	篮	子	工	舞	游	钓	影
戏	瓷	读	摄	技	舞	法	影	法	棒	能	纫	拳	篮	钓
鱼	球	摄	园	篮	术	椅	拼	摄	戏	动	摄	钓	摄	能
球	读	铅	棒	品	画	子	益	猎	法	纫	陶	动	技	暇
画	活	笔	阅	远	击	纫	鱼	跳	活	法	棒	远	狩	拳
图	纫	粉	图	潜	摄	乐	松	乐	艺	击	趣	黏	猎	暇
橡	皮	技	彩	阅	瓷	魔	戏	瓷	猎	陶	画	土	摄	图

水彩
丙烯酸纤维
黏土
木炭
画架
胶水
颜色
创造力
橡皮

想法
墨水
铅笔
粉彩
椅子
刷子
桌子
照相机

100 - Misurazioni

缝 绘 绘 乐 鱼 陶 游 卷 拳 钓 米 益 露 乐 钓
绘 足 击 织 潜 瓷 画 克 针 游 魔 猎 足 游 影
影 图 戏 球 影 戏 画 暇 拳 拼 缝 品 拼 升
拼 法 松 篮 绘 工 品 瓷 舞 针 潜 狩 暇 读 魔
动 艺 戏 潜 织 趣 游 篮 法 益 品 脱 足 趣 营
摄 活 缝 舞 拳 棒 松 放 放 针 纫 艺 益 魔 织
能 篮 鱼 纫 能 击 读 纫 字 节 猎 纫 宽 图 活
利 摄 钓 深 魔 舞 织 瓷 魔 舞 拼 缝 度 长 利
摄 拳 松 戏 度 十 盏 司 图 暇 技 动 高 艺 缝
陶 影 跳 法 缝 进 陶 斤 能 舞 利 猎 鱼 棒 狩
艺 魔 拳 摄 拼 制 远 公 潜 游 跳 工 技 钓 棒
舞 针 工 球 击 趣 分 里 乐 魔 乐 园 拼 拼
活 趣 潜 质 游 猎 钟 品 阅 摄 乐 松 读 棒 艺
阅 厘 吨 量 重 艺 魔 棒 织 狩 园 球 棒 英 利
陶 米 暇 利 摄 活 读 乐 棒 乐 篮 潜 园 寸 远

高度
字节
厘米
公斤
公里
十进制
宽度
长度

质量
分钟
盎司
重量脱
品寸
英深度
深度

1 - Salute e Benessere #2

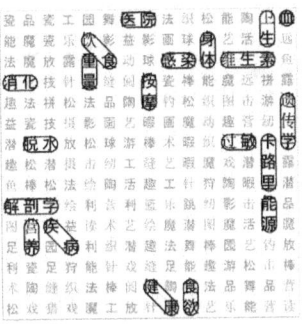

2 - Aggettivi #2

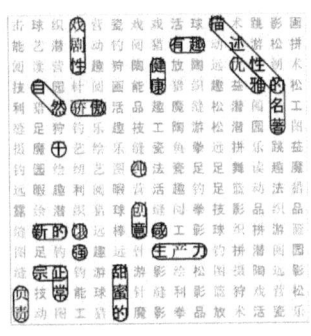

3 - Ingegneria

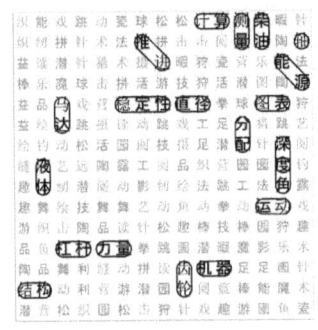

4 - Archeologia

5 - Salute e Benessere #1

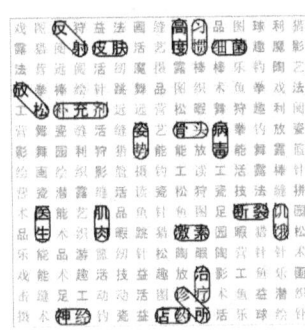

6 - Aggettivi #1

7 - Geologia

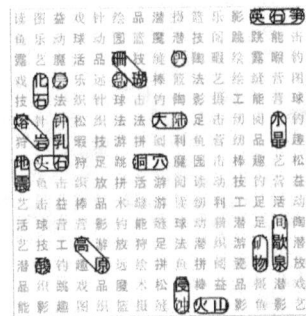

8 - Campeggio

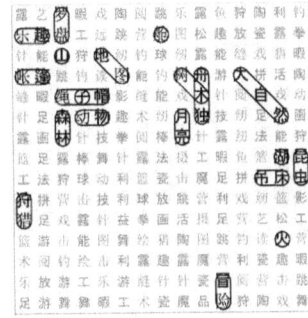

9 - Arti Visive

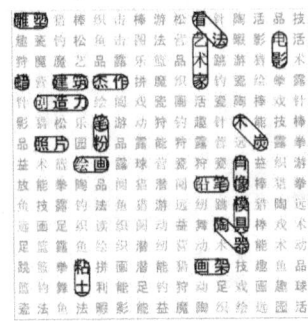

10 - Tempo

11 - Astronomia

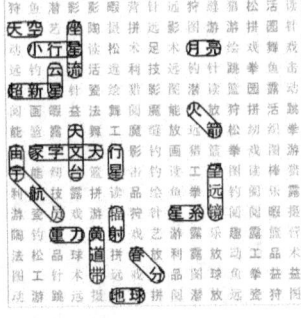

12 - Algebra

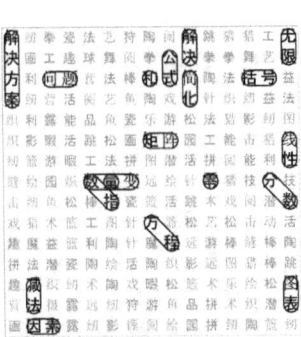

13 - Mitologia

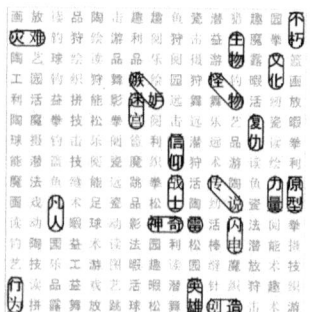

14 - Piante

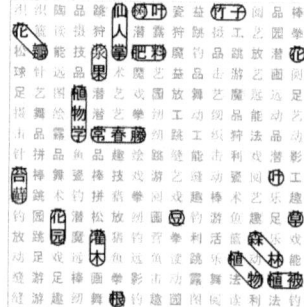

15 - Spezie

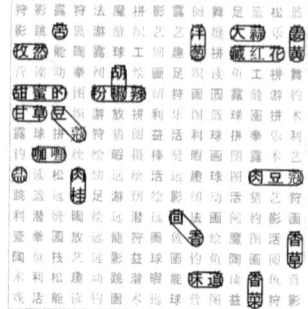

16 - Numeri

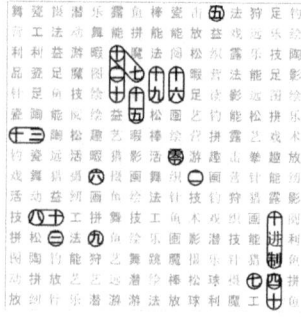

17 - Cioccolato

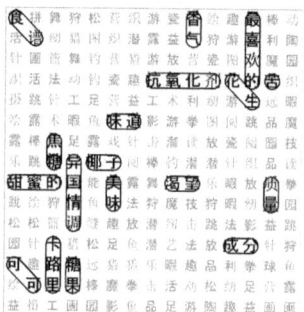

18 - Guida

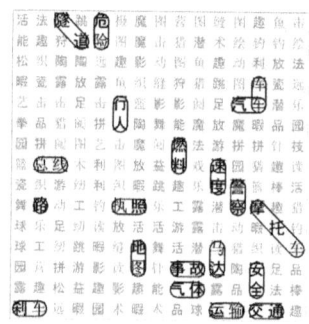

19 - I Media

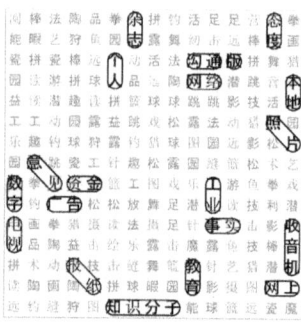

20 - Forza e Gravità

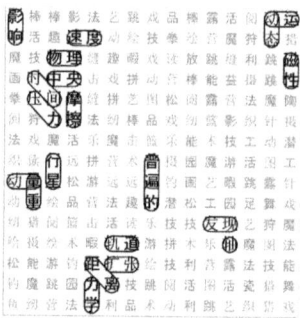

21 - Sport

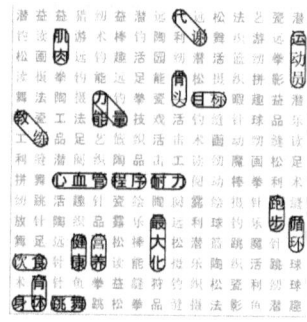

22 - Uccelli

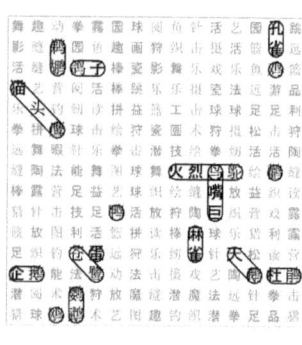

23 - Giorni e Mesi

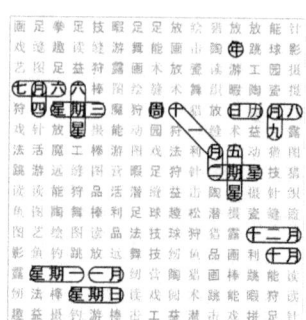

24 - Casa

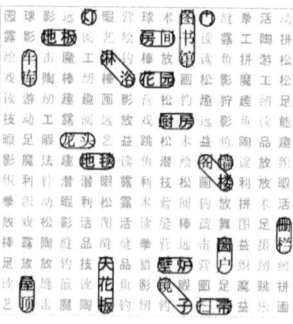

25 - Fantascienza

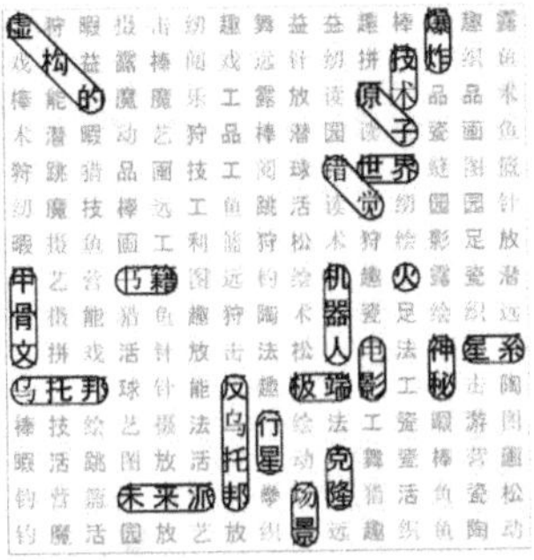

26 - Città

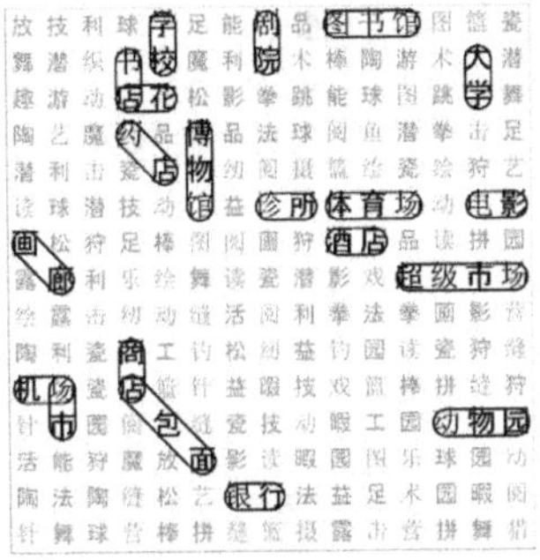

27 - Fattoria #1

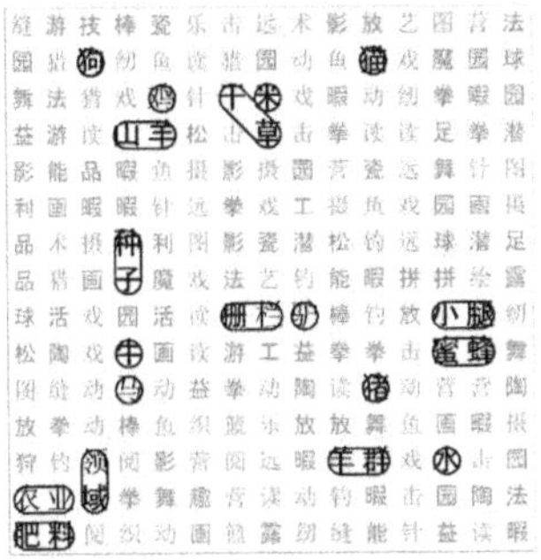

28 - Psicologia

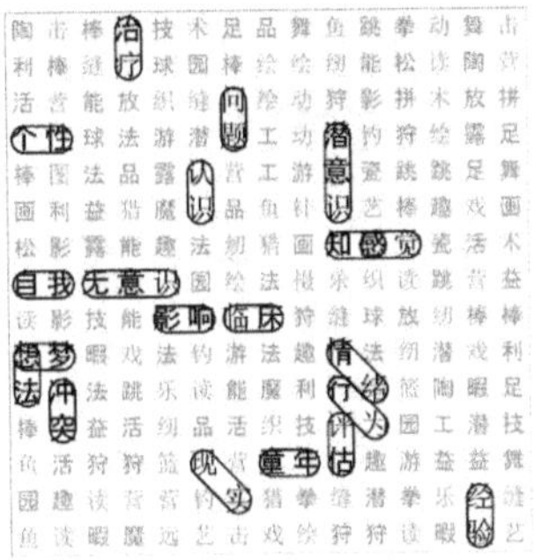

29 - Paesaggi

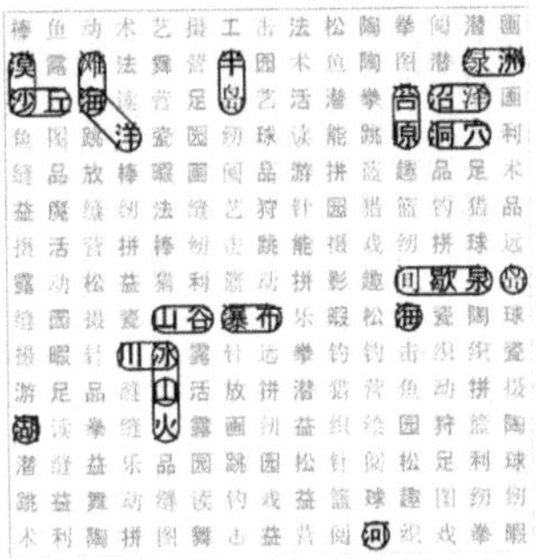

30 - Energia

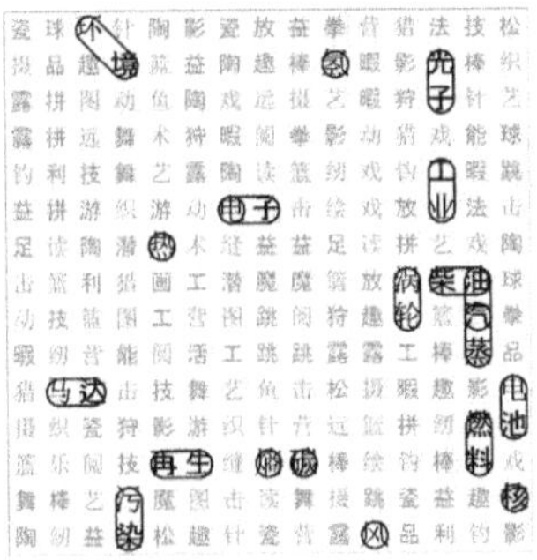

31 - Ristorante #2

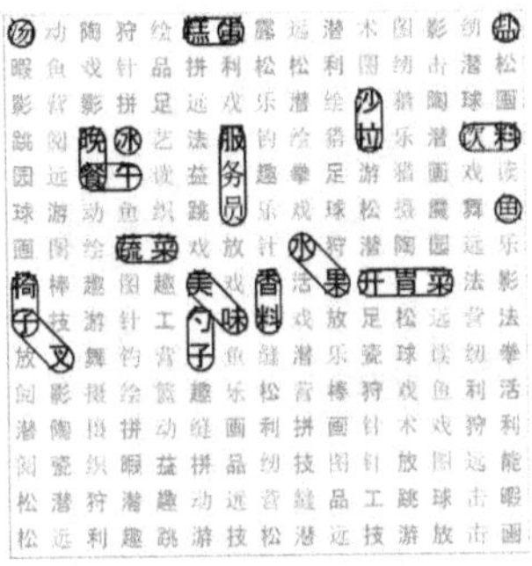

32 - L'Azienda

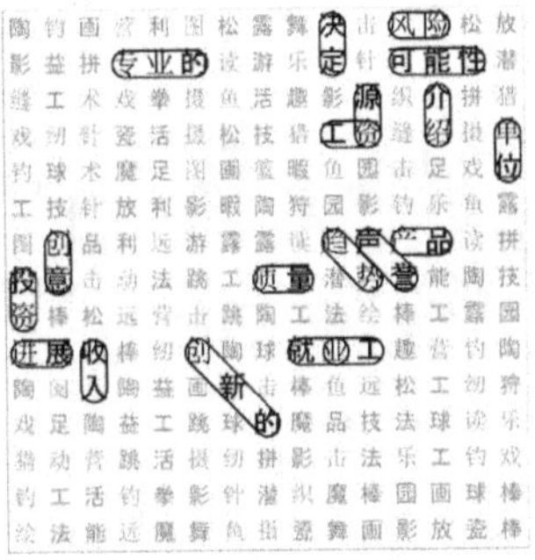

33 - Giardino

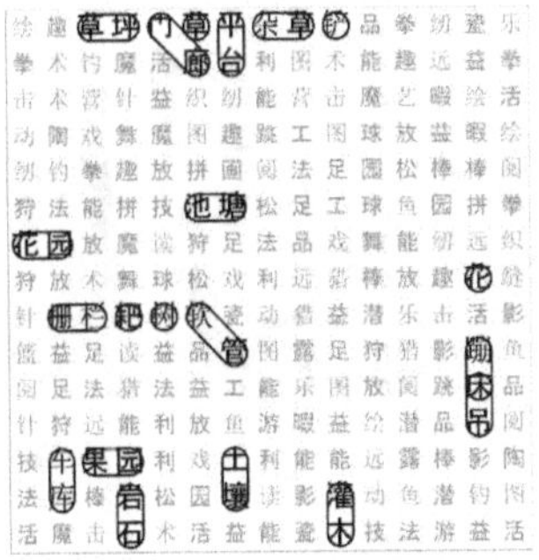

34 - Riscaldamento Gl

35 - Frutta

36 - Fattoria #2

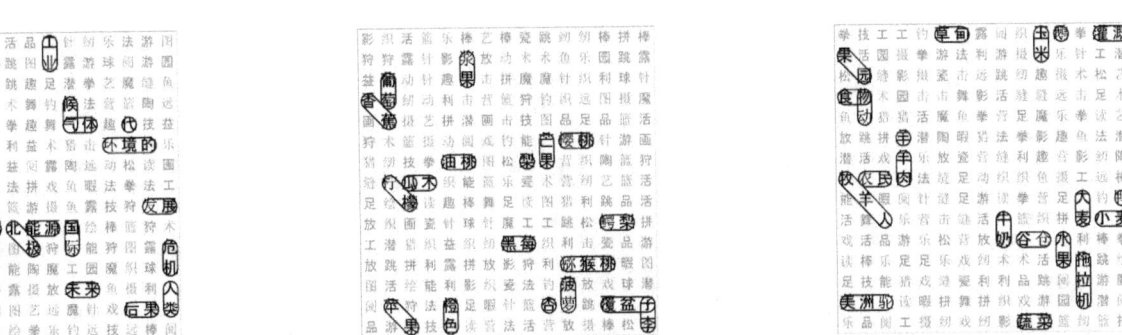

37 - Verdure

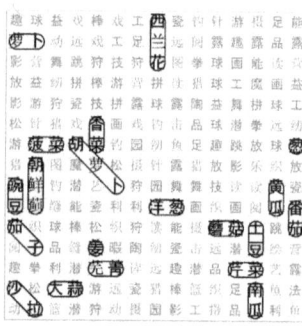

38 - Musica

39 - Barbecue

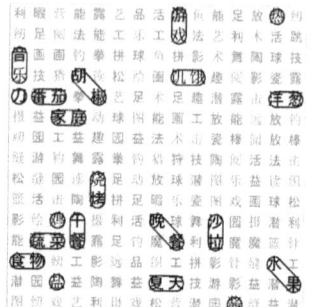

40 - Insetti

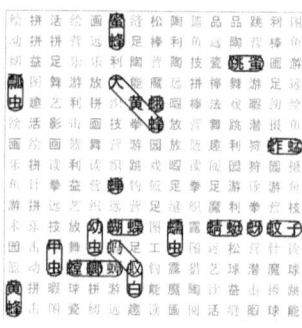

41 - Fisica

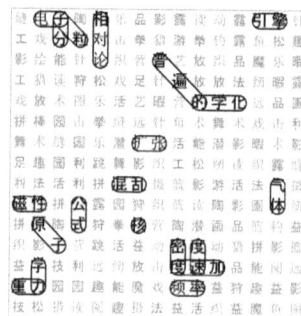

42 - Agronomia

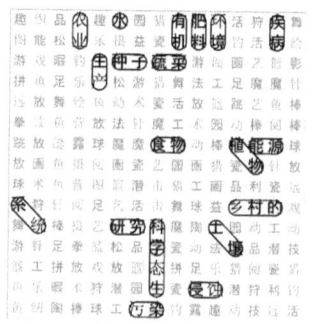

43 - Erboristeria

44 - Biologia

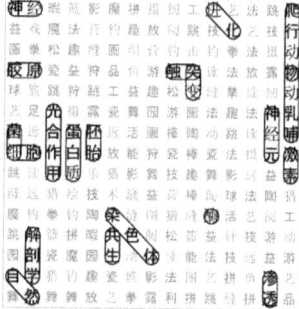

45 - Attività Commerciale

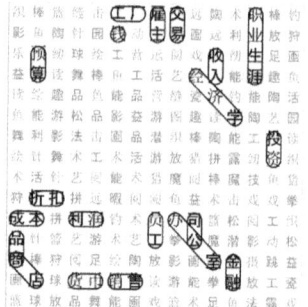

46 - Fiori

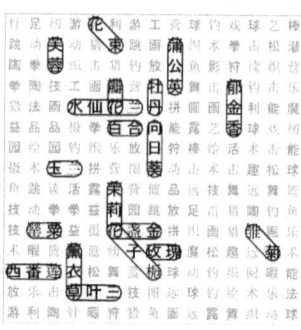

47 - Discipline Scientifiche

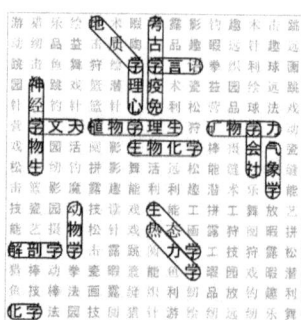

48 - Scienza

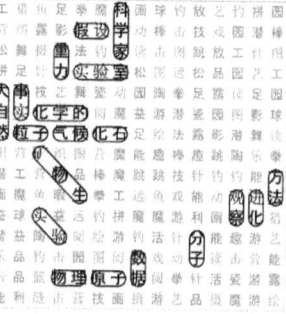

49 - Acqua

50 - Imbarcazioni

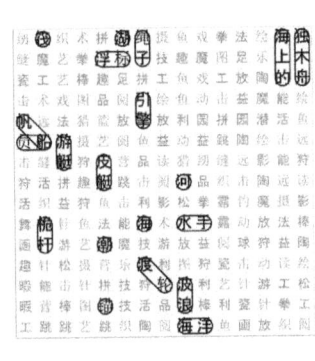

51 - Chimica

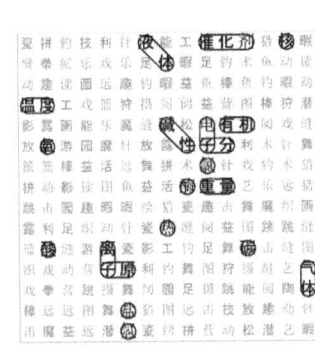

52 - Api

53 - Strumenti Musicali

54 - Professioni #2

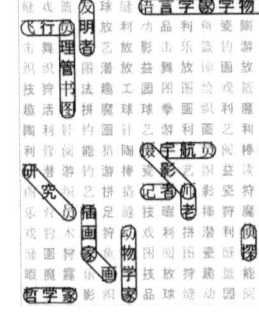

55 - Letteratura

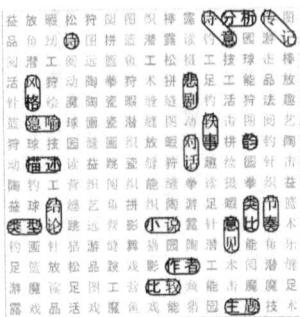

56 - Cibo #2

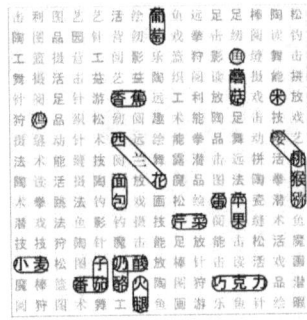

57 - Nutrizione

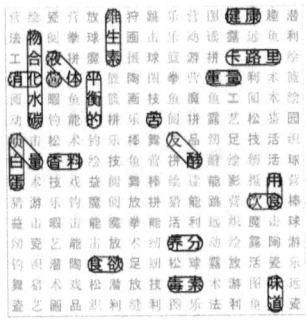

58 - Matematica

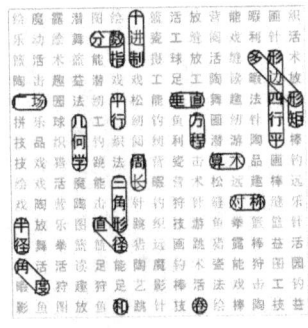

59 - Meditazione

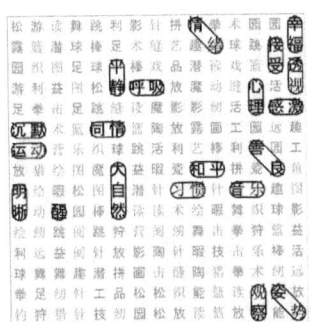

60 - Elettricità

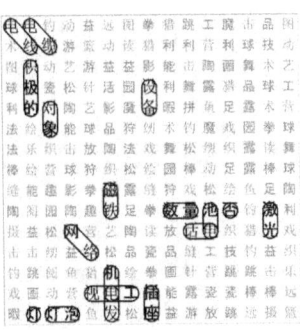

61 - Antiquariato

62 - Fotografia

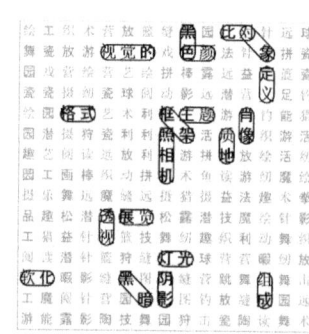

63 - Escursionismo

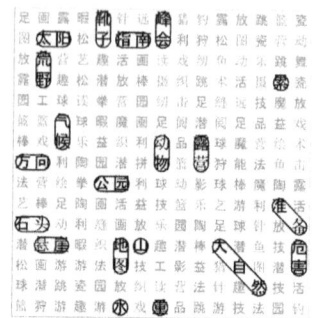

64 - Professioni #1

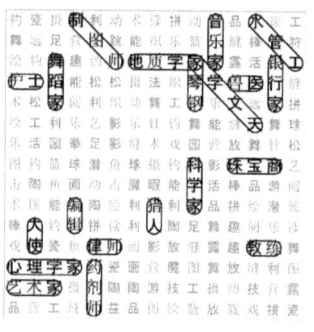

65 - Antartide

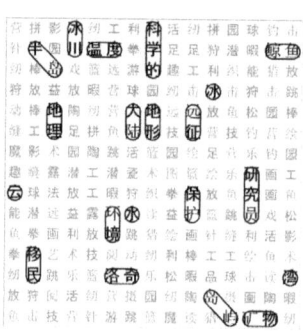

66 - Libri

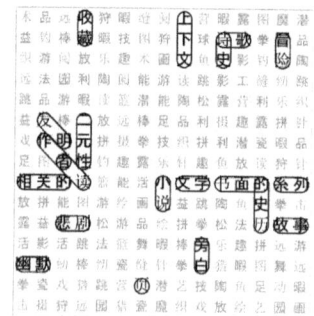

67 - Geografia

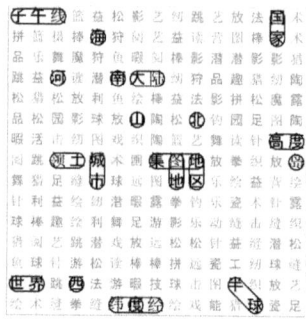

68 - Cibo #1

69 - Etica

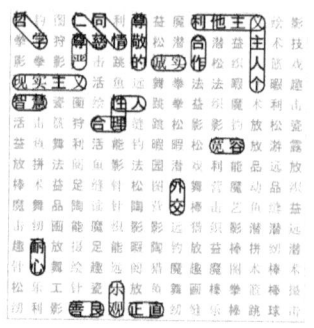

70 - Aeroplani

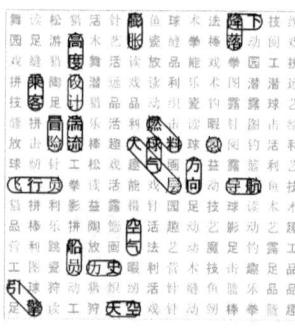

71 - Governo

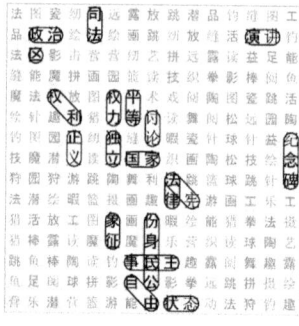

72 - Bellezza

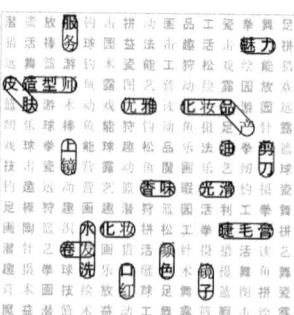

73 - Avventura

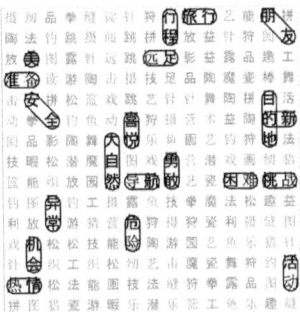

74 - Forme

75 - Oceano

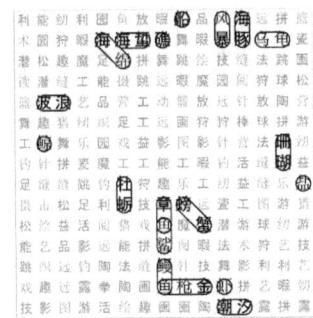

76 - Famiglia

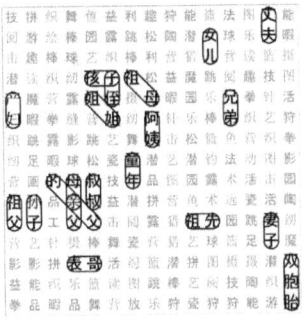

77 - Creatività

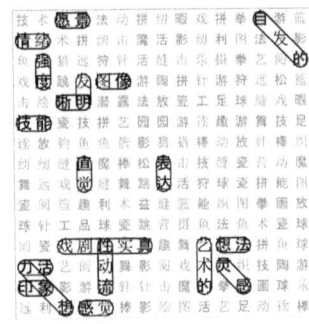

78 - Veicoli

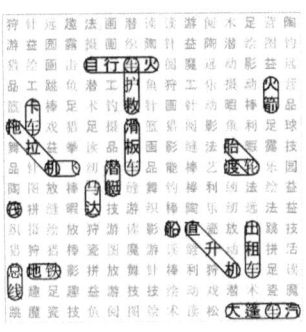

79 - Natura

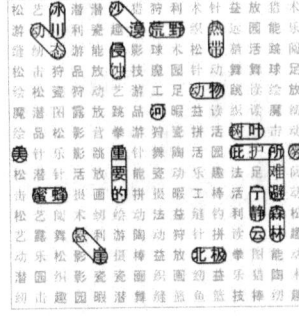

80 - Paesi #1

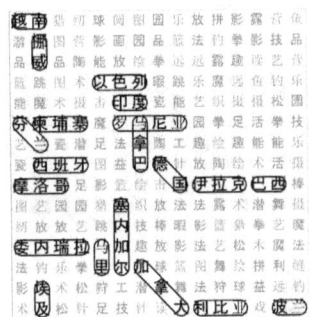

81 - Geometria

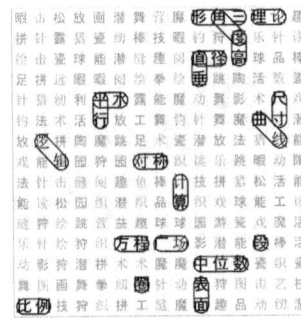

82 - Foresta Pluviale

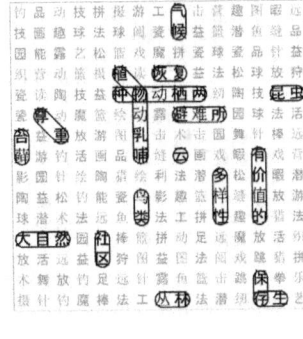

83 - Edifici

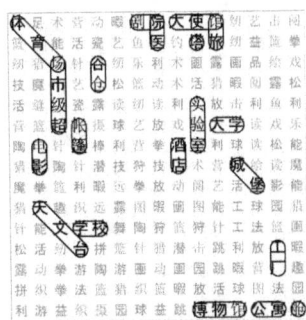

84 - Malattia

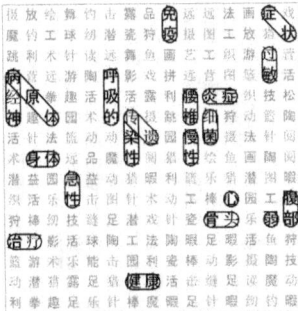

85 - Paesi #2

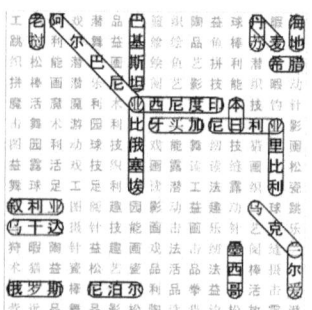

86 - Tipi di Capelli

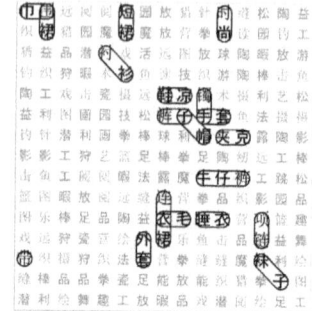

87 - Vestiti

88 - Attività e Tempo Libero

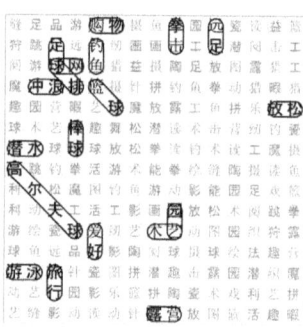

89 - Tecnologia

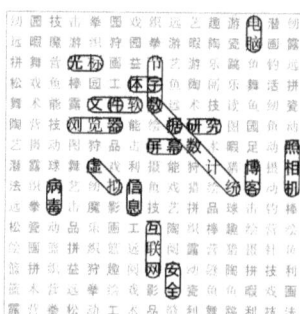

90 - Meteo

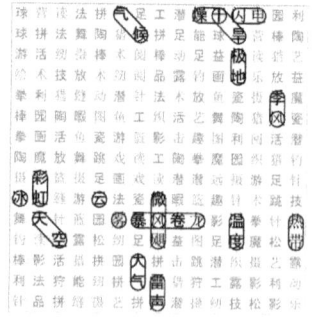

91 - Corpo Umano

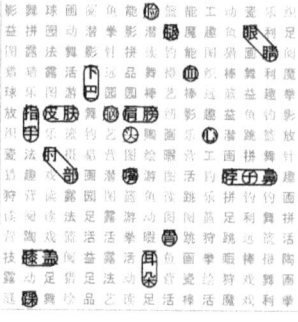

92 - Mammiferi

93 - Giardinaggio

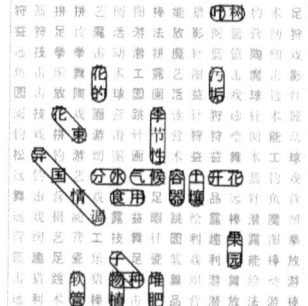

94 - Universo

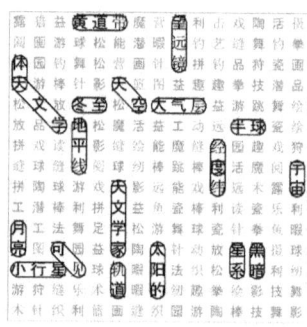

95 - Jazz

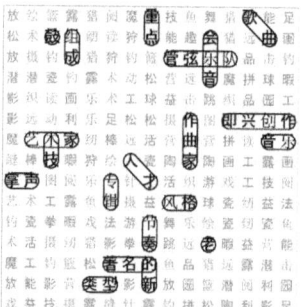

96 - Vacanze #2

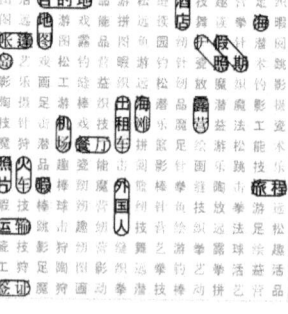

97 - Attività

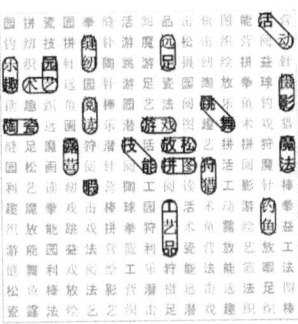

98 - Diplomazia

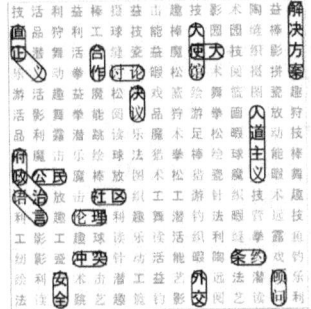

99 - Forniture Artistiche

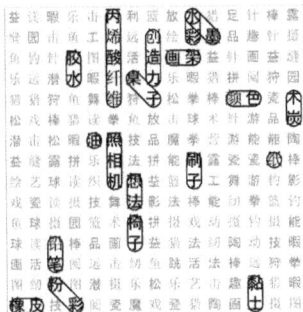

100 - Misurazioni

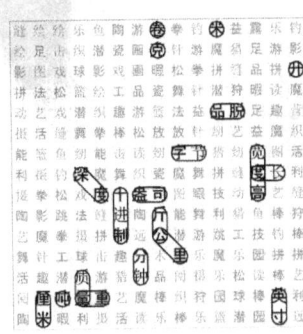

Dizionario

Acqua
水

Alluvione	洪水
Canale	运河
Doccia	淋浴
Evaporazione	蒸发
Fiume	河
Gelo	霜
Geyser	间歇泉
Ghiaccio	冰
Irrigazione	灌溉
Lago	湖
Monsone	季风
Neve	雪
Oceano	海洋
Onde	波浪
Pioggia	雨
Umidità	湿度
Umido	潮湿
Uragano	飓风
Vapore	蒸汽

Aeroplani
飞机

Altezza	高度
Aria	空气
Atmosfera	大气层
Atterraggio	降落
Avventura	冒险
Carburante	燃料
Cielo	天空
Design	设计
Direzione	方向
Discesa	下降
Equipaggio	船员
Gonfiare	膨胀
Idrogeno	氢
Motore	引擎
Navigare	导航
Palloncino	气球
Passeggero	乘客
Pilota	飞行员
Storia	历史
Turbolenza	湍流

Aggettivi #1
形容词 #1

Ambizioso	有雄心
Aromatico	芳香
Artistico	艺术的
Assoluto	绝对
Enorme	巨大的
Esotico	异国情调
Generoso	慷慨
Giovane	年轻
Grande	大
Identico	相同
Importante	重要的
Lento	慢
Lungo	长
Moderno	现代
Onesto	诚实
Perfetto	完美
Pesante	重
Prezioso	有价值的
Profondo	深
Sottile	薄

Aggettivi #2
形容词 #2

Affamato	饿
Asciutto	干
Autentico	正宗
Creativo	创意
Descrittivo	描述性的
Dolce	甜蜜的
Drammatico	戏剧性
Elegante	优雅
Famoso	著名的
Forte	强
Interessante	有趣
Naturale	自然
Normale	正常
Nuovo	新的
Orgoglioso	骄傲
Produttivo	生产力
Puro	纯
Responsabile	负责
Salato	咸
Sano	健康

Agronomia
农学

Acqua	水
Agricoltura	农业
Ambiente	环境
Cibo	食物
Ecologia	生态学
Energia	能源
Erosione	侵蚀
Fertilizzante	肥料
Inquinamento	污染
Malattie	疾病
Organico	有机
Piante	植物
Produzione	生产
Ricerca	研究
Rurale	乡村的
Scienza	科学
Semi	种子
Sistemi	系统
Suolo	土壤
Verdure	蔬菜

Algebra
代数

Diagramma	图表
Equazione	方程
Esponente	指数
Fattore	因素
Formula	公式
Frazione	分数
Infinito	无限
Lineare	线性
Matrice	矩阵
Parentesi	括号
Problema	问题
Quantità	数量
Risolvere	解决
Semplificare	简化
Soluzione	解决方案
Somma	和
Sottrazione	减法
Variabile	变量
Zero	零

Antartide
南极洲

Acqua	水
Ambiente	环境
Baia	湾
Balene	鲸鱼
Conservazione	保护
Continente	大陆
Geografia	地理
Ghiacciai	冰川
Ghiaccio	冰
Isole	岛屿
Migrazione	移民
Minerali	矿物
Nuvole	云
Penisola	半岛
Ricercatore	研究员
Roccioso	洛奇
Scientifico	科学的
Spedizione	远征
Temperatura	温度
Topografia	地形

Antiquariato
古董

Arte	艺术
Asta	拍卖
Autentico	正宗
Condizione	条件
Decenni	几十年
Decorativo	装饰性的
Elegante	优雅
Galleria	画廊
Insolito	异常
Investimento	投资
Mobilio	家具
Monete	硬币
Prezzo	价格
Qualità	质量
Restauro	恢复
Scultura	雕塑
Secolo	世纪
Stile	风格
Valore	价值
Vecchio	老

Api
蜜蜂

Ali	翅膀
Alveare	蜂巢
Benefico	有益的
Cera	蜡
Cibo	食物
Diversità	多样性
Ecosistema	生态系统
Fiori	花
Fiorire	开花
Frutta	水果
Fumo	烟
Giardino	花园
Habitat	生境
Insetto	昆虫
Miele	蜂蜜
Piante	植物
Polline	花粉
Regina	女王
Sciame	群
Sole	太阳

Archeologia
考古学

Analisi	分析
Antichità	古代
Ceramica	陶器
Civiltà	文明
Discendente	后裔
Era	时代
Esperto	专家
Fossile	化石
Frammenti	碎片
Mistero	神秘
Oggetti	对象
Ossa	骨头
Professore	教授
Reliquia	遗迹
Ricercatore	研究员
Sconosciuto	未知
Squadra	团队
Tempio	寺庙
Tomba	墓
Valutazione	评估

Arti Visive
视觉艺术

Architettura	建筑
Argilla	粘土
Artista	艺术家
Capolavoro	杰作
Carbone	木炭
Cavalletto	画架
Cera	蜡
Ceramica	陶器
Creatività	创造力
Film	电影
Fotografia	照片
Gesso	粉笔
Matita	铅笔
Penna	笔
Pittura	绘画
Prospettiva	看法
Ritratto	肖像
Scultura	雕塑
Stampino	模具

Astronomia
天文学

Asteroide	小行星
Astronauta	宇航员
Astronomo	天文学家
Cielo	天空
Costellazione	星座
Equinozio	春分
Galassia	星系
Gravità	重力
Luna	月亮
Meteora	流星
Nebulosa	星云
Osservatorio	天文台
Pianeta	行星
Radiazione	辐射
Razzo	火箭
Supernova	超新星
Telescopio	望远镜
Terra	地球
Universo	宇宙
Zodiaco	黄道带

Attività
活动

Abilità	技能
Arte	艺术
Artigianato	工艺品
Attività	活动
Caccia	狩猎
Campeggio	露营
Ceramica	陶瓷
Cucire	缝纫
Danza	跳舞
Escursioni	远足
Fotografia	摄影
Giardinaggio	园艺
Giochi	游戏
Lettura	阅读
Magia	魔法
Pesca	钓鱼
Piacere	乐趣
Puzzle	拼图
Rilassamento	放松
Tempo Libero	暇

Attività Commerciale
商业

Bilancio	预算
Carriera	职业生涯
Costo	成本
Datore di Lavoro	雇主
Dipendente	员工
Economia	经济学
Fabbrica	工厂
Finanza	金融
Investimento	投资
Merce	商品
Negozio	商店
Profitto	利润
Reddito	收入
Sconto	折扣
Società	公司
Soldi	钱
Transazione	交易
Ufficio	办公室
Valuta	货币
Vendita	销售

Attività e Tempo Libero
活动和休闲

Arte	艺术
Baseball	棒球
Basket	篮球
Boxe	拳击
Calcio	足球
Campeggio	露营
Escursioni	远足
Giardinaggio	园艺
Golf	高尔夫球
Hobby	爱好
Immersione	潜水
Nuoto	游泳
Pallavolo	排球
Pesca	钓鱼
Rilassante	放松
Shopping	购物
Surf	冲浪
Tennis	网球
Viaggio	旅行

Avventura
冒险

Amici	朋友
Attività	活动
Bellezza	美
Caso	机会
Coraggio	勇敢
Destinazione	目的地
Difficoltà	困难
Entusiasmo	热情
Escursione	远足
Gioia	喜悦
Insolito	异常
Itinerario	行程
Natura	大自然
Navigazione	导航
Nuovo	新的
Pericoloso	危险
Preparazione	准备
Sfide	挑战
Sicurezza	安全
Viaggi	旅行

Barbecue
烧烤

Caldo	热
Cena	晚餐
Cibo	食物
Cipolle	洋葱
Coltelli	刀
Estate	夏天
Fame	饥饿
Famiglia	家庭
Frutta	水果
Giochi	游戏
Griglia	烧烤
Insalate	沙拉
Musica	音乐
Pepe	胡椒
Pollo	鸡
Pomodori	番茄
Pranzo	午餐
Sale	盐
Salsa	酱
Verdure	蔬菜

Bellezza
美

Colore	颜色
Cosmetici	化妆品
Elegante	优雅
Fascino	魅力
Forbici	剪刀
Fotogenico	上镜
Fragranza	香味
Liscio	光滑
Mascara	睫毛膏
Oli	油
Pelle	皮肤
Prodotti	产品
Riccioli	卷发
Rossetto	口红
Servizi	服务
Shampoo	洗发水
Specchio	镜子
Stilista	造型师
Trucco	化妆

Biologia
生物学

Anatomia	解剖学
Batteri	细菌
Cellula	细胞
Collagene	胶原
Cromosoma	染色体
Embrione	胚胎
Enzima	酶
Evoluzione	进化
Fotosintesi	光合作用
Mammifero	哺乳动物
Mutazione	突变
Naturale	自然
Nervo	神经
Neurone	神经元
Ormone	激素
Osmosi	渗透
Proteina	蛋白质
Rettile	爬行动物
Simbiosi	共生
Sinapsi	突触

Campeggio
露营

Alberi	树木
Amaca	吊床
Animali	动物
Avventura	冒险
Bussola	罗盘
Cabina	舱
Caccia	狩猎
Canoa	独木舟
Cappello	帽子
Corda	绳子
Divertimento	乐趣
Foresta	森林
Fuoco	火
Insetto	昆虫
Lago	湖
Luna	月亮
Mappa	地图
Montagna	山
Natura	大自然
Tenda	帐篷

Casa
房子

Attico	阁楼
Biblioteca	图书馆
Camera	房间
Camino	壁炉
Cucina	厨房
Doccia	淋浴
Finestra	窗户
Garage	车库
Giardino	花园
Lampada	灯
Parete	墙
Pavimento	地板
Porta	门
Recinto	栅栏
Rubinetto	龙头
Scopa	扫帚
Soffitto	天花板
Specchio	镜子
Tappeto	地毯
Tetto	屋顶

Chimica
化学

Acido	酸
Alcalino	碱性
Atomico	原子
Calore	热
Carbonio	碳
Catalizzatore	催化剂
Cloro	氯
Elettrone	电子
Enzima	酶
Gas	气体
Idrogeno	氢
Ione	离子
Liquido	液体
Molecola	分子
Nucleare	核
Organico	有机
Ossigeno	氧
Peso	重量
Sale	盐
Temperatura	温度

Cibo #1
食物 #1

Aglio	大蒜
Basilico	罗勒
Cannella	肉桂
Carne	肉
Carota	胡萝卜
Cipolla	洋葱
Fragola	草莓
Insalata	沙拉
Latte	牛奶
Limone	柠檬
Menta	薄荷
Orzo	大麦
Pera	梨
Rapa	芜菁
Sale	盐
Spinaci	菠菜
Succo	果汁
Tonno	金枪鱼
Torta	蛋糕
Zucchero	糖

Cibo #2
食物 #2

Banana	香蕉
Broccolo	西兰花
Ciliegia	樱桃
Cioccolato	巧克力
Formaggio	奶酪
Fungo	蘑菇
Grano	小麦
Kiwi	猕猴桃
Mela	苹果
Melanzana	茄子
Pane	面包
Pesce	鱼
Pollo	鸡
Pomodoro	番茄
Prosciutto	火腿
Riso	米
Sedano	芹菜
Uovo	蛋
Uva	葡萄
Yogurt	酸奶

Cioccolato
巧克力

Amaro	苦
Antiossidante	抗氧化剂
Arachidi	花生
Aroma	香气
Brama	渴望
Cacao	可可
Calorie	卡路里
Caramella	糖果
Caramello	焦糖
Delizioso	美味
Dolce	甜蜜的
Esotico	异国情调
Gusto	味道
Ingrediente	成分
Noce di Cocco	椰子
Preferito	最喜欢的
Qualità	质量
Ricetta	食谱
Zucchero	糖

Città
小镇

Aeroporto	机场
Banca	银行
Biblioteca	图书馆
Cinema	电影
Clinica	诊所
Farmacia	药店
Fiorista	花店
Galleria	画廊
Hotel	酒店
Libreria	书店
Mercato	市场
Museo	博物馆
Negozio	商店
Panetteria	面包店
Scuola	学校
Stadio	体育场
Supermercato	超级市场
Teatro	剧院
Università	大学
Zoo	动物园

Corpo Umano
人体

Bocca	嘴
Caviglia	踝
Cervello	脑
Collo	脖子
Cuore	心
Dito	手指
Faccia	脸
Gamba	腿
Ginocchio	膝盖
Gomito	肘部
Mano	手
Mento	下巴
Naso	鼻子
Occhio	眼睛
Orecchio	耳朵
Pelle	皮肤
Sangue	血
Spalla	肩膀
Stomaco	胃
Testa	头

Creatività
创造力

Abilità	技能
Artistico	艺术的
Autenticità	真实性
Chiarezza	明晰
Drammatico	戏剧性
Emozioni	情绪
Espressione	表达
Fluidità	流动性
Idee	想法
Immaginazione	想象力
Immagine	图像
Impressione	印象
Intensità	强度
Intuizione	直觉
Inventivo	发明
Ispirazione	灵感
Sensazione	感觉
Spontaneo	自发的
Visioni	愿景
Vitalità	活力

Diplomazia
外交

Ambasciata	大使馆
Ambasciatore	大使
Civico	公民
Comunità	社区
Conflitto	冲突
Consigliere	顾问
Cooperazione	合作
Diplomatico	外交
Discussione	讨论
Etica	伦理
Giustizia	正义
Governo	政府
Integrità	正直
Lingue	语言
Politica	政治
Risoluzione	决议
Sicurezza	安全
Soluzione	解决方案
Trattato	条约
Umanitario	人道主义

Discipline Scientifiche
科学学科

Anatomia	解剖学
Archeologia	考古学
Astronomia	天文学
Biochimica	生物化学
Biologia	生物学
Botanica	植物学
Chimica	化学
Ecologia	生态学
Fisiologia	生理学
Geologia	地质学
Immunologia	免疫学
Linguistica	语言学
Meccanica	力学
Meteorologia	气象学
Mineralogia	矿物学
Neurologia	神经学
Psicologia	心理学
Sociologia	社会学
Termodinamica	热力学
Zoologia	动物学

Edifici
建筑物

Ambasciata	大使馆
Appartamento	公寓
Cabina	舱
Castello	城堡
Cinema	电影
Fabbrica	工厂
Fienile	谷仓
Hotel	酒店
Laboratorio	实验室
Museo	博物馆
Ospedale	医院
Osservatorio	天文台
Ostello	旅馆
Scuola	学校
Stadio	体育场
Supermercato	超级市场
Teatro	剧院
Tenda	帐篷
Torre	塔
Università	大学

Elettricità
電力

Attrezzatura	设备
Batteria	电池
Cavo	电缆
Elettricista	电工
Elettrico	电
Fili	电线
Generatore	发电机
Lampada	灯
Lampadina	灯泡
Laser	激光
Magnete	磁铁
Negativo	否
Oggetti	对象
Positivo	积极的
Presa	插座
Quantità	数量
Rete	网络
Telefono	电话
Televisione	电视

Energia
能源

Ambiente	环境
Batteria	电池
Benzina	汽油
Calore	热
Carbonio	碳
Carburante	燃料
Diesel	柴油
Elettrico	电
Elettrone	电子
Entropia	熵
Fotone	光子
Idrogeno	氢
Industria	工业
Inquinamento	污染
Motore	马达
Nucleare	核
Rinnovabile	再生
Turbina	涡轮
Vapore	蒸汽
Vento	风

Erboristeria
草药学

Aglio	大蒜
Aneto	莳萝
Aromatico	芳香
Basilico	罗勒
Culinario	烹饪
Dragoncello	龙蒿
Finocchio	茴香
Fiore	花
Giardino	花园
Ingrediente	成分
Lavanda	薰衣草
Maggiorana	马郁兰
Menta	薄荷
Origano	牛至
Prezzemolo	香菜
Qualità	质量
Rosmarino	迷迭香
Timo	百里香
Verde	绿色
Zafferano	藏红花

Escursionismo
徒步

Acqua	水
Animali	动物
Campeggio	露营
Clima	气候
Guide	指南
Mappa	地图
Montagna	山
Natura	大自然
Orientamento	方向
Parchi	公园
Pericoli	危害
Pesante	重
Pietre	石头
Preparazione	准备
Scogliera	悬崖
Selvaggio	荒野
Sole	太阳
Stanco	累
Stivali	靴子
Vertice	峰会

Etica
伦理

Altruismo	利他主义
Benevolo	仁慈
Compassione	同情
Cooperazione	合作
Dignità	尊严
Diplomatico	外交
Filosofia	哲学
Gentilezza	善良
Individualismo	个人主义
Integrità	正直
Onestà	诚实
Ottimismo	乐观
Pazienza	耐心
Ragionevole	合理
Razionalità	理性
Realismo	现实主义
Rispettoso	尊敬的
Saggezza	智慧
Tolleranza	宽容
Umanità	人性

Famiglia
家庭

Antenato	祖先
Bambino	孩子
Cugino	表哥
Figlia	女儿
Fratello	兄弟
Gemelli	双胞胎
Infanzia	童年
Madre	母亲
Marito	丈夫
Materno	产妇
Moglie	妻子
Nipote	侄子
Nipote	孙子
Nonna	祖母
Nonno	祖父
Padre	父亲
Paterno	父亲的
Sorella	姐姐
Zia	阿姨
Zio	叔叔

Fantascienza
科幻小说

Atomico	原子
Cinema	电影
Cloni	克隆
Distopia	反乌托邦
Esplosione	爆炸
Estremo	极端
Fuoco	火
Futuristico	未来派
Galassia	星系
Illusione	错觉
Immaginario	虚构的
Libri	书籍
Misterioso	神秘
Mondo	世界
Oracolo	甲骨文
Pianeta	行星
Robot	机器人
Scenario	场景
Tecnologia	技术
Utopia	乌托邦

Fattoria #1
农场 #1

Acqua	水
Agricoltura	农业
Ape	蜜蜂
Asino	驴
Campo	领域
Cane	狗
Capra	山羊
Cavallo	马
Fertilizzante	肥料
Fieno	干草
Gatto	猫
Gregge	羊群
Maiale	猪
Miele	蜂蜜
Mucca	牛
Pollo	鸡
Recinto	栅栏
Riso	米
Semi	种子
Vitello	小腿

Fattoria #2
农场 #2

Agnello	羊肉
Agricoltore	农民
Anatra	鸭
Animali	动物
Cibo	食物
Fienile	谷仓
Frutta	水果
Frutteto	果园
Grano	小麦
Irrigazione	灌溉
Lama	美洲驼
Latte	牛奶
Mais	玉米
Oche	鹅
Orzo	大麦
Pastore	牧羊人
Pecora	羊
Prato	草甸
Trattore	拖拉机
Verdura	蔬菜

Fiori
鲜花

Calendula	金盏花
Dente di Leone	蒲公英
Gardenia	栀子花
Gelsomino	茉莉花
Giglio	百合
Girasole	向日葵
Ibisco	芙蓉
Lavanda	薰衣草
Magnolia	玉兰
Margherita	雏菊
Mazzo	花束
Narciso	水仙花
Orchidea	兰花
Papavero	罂粟
Passiflora	西番莲
Peonia	牡丹
Petalo	花瓣
Rosa	玫瑰
Trifoglio	三叶草
Tulipano	郁金香

Fisica
物理学

Accelerazione	加速度
Atomo	原子
Caos	混乱
Chimico	化学的
Densità	密度
Elettrone	电子
Espansione	扩张
Formula	公式
Frequenza	频率
Gas	气体
Gravità	重力
Magnetismo	磁性
Meccanica	力学
Molecola	分子
Motore	引擎
Nucleare	核
Particella	粒子
Relatività	相对论
Universale	普遍的
Velocità	速度

Foresta Pluviale
雨林

Anfibi	两栖动物
Botanico	植物
Clima	气候
Comunità	社区
Diversità	多样性
Giungla	丛林
Insetti	昆虫
Mammiferi	哺乳动物
Muschio	苔藓
Natura	大自然
Nuvole	云
Preservazione	保存
Prezioso	有价值的
Restauro	恢复
Rifugio	避难所
Rispetto	尊重
Sopravvivenza	生存
Specie	物种
Uccelli	鸟类

Forme
形状

Angolo	角落
Arco	弧
Bordi	边缘
Cerchio	圈
Cilindro	圆筒
Cono	锥体
Cubo	立方体
Curva	曲线
Ellisse	椭圆
Iperbole	双曲线
Lato	边
Linea	线
Ovale	椭圆形
Piramide	金字塔
Poligono	多边形
Prisma	棱镜
Quadrato	广场
Rettangolo	矩形
Triangolo	三角形

Forniture Artistiche
美术用品

Acqua	水
Acquerelli	水彩
Acrilico	丙烯酸纤维
Argilla	黏土
Carbone	木炭
Carta	纸
Cavalletto	画架
Colla	胶水
Colori	颜色
Creatività	创造力
Gomma	橡皮
Idee	想法
Inchiostro	墨水
Matite	铅笔
Olio	油
Pastelli	粉彩
Sedia	椅子
Spazzole	刷子
Tavolo	桌子
Telecamera	照相机

Forza e Gravità
力和重力

Asse	轴
Attrito	摩擦
Centro	中央
Dinamico	动态
Distanza	距离
Espansione	扩张
Fisica	物理
Impatto	影响
Magnetismo	磁性
Meccanica	力学
Movimento	运动
Orbita	轨道
Peso	重量
Pianeti	行星
Pressione	压力
Scoperta	发现
Slancio	动量
Tempo	时间
Universale	普遍的
Velocità	速度

Fotografia
摄影

Ammorbidire	软化
Buio	黑暗
Colore	颜色
Composizione	组成
Contrasto	对比
Cornice	框架
Definizione	定义
Esposizione	展览
Formato	格式
Illuminazione	灯光
Nero	黑色
Oggetto	对象
Ombre	阴影
Prospettiva	透视
Ritratto	肖像
Soggetto	主题
Telecamera	照相机
Trama	质地
Visivo	视觉的

Frutta
水果

Albicocca	杏
Ananas	菠萝
Arancia	橙色
Avocado	鳄梨
Bacca	浆果
Banana	香蕉
Ciliegia	樱桃
Kiwi	猕猴桃
Lampone	覆盆子
Limone	柠檬
Mango	芒果
Mela	苹果
Melone	瓜
Mora	黑莓
Nettarina	油桃
Papaia	木瓜
Pera	梨
Pesca	桃
Prugna	李子
Uva	葡萄

Geografia
地理

Altitudine	高度
Atlante	地图集
Città	城市
Continente	大陆
Emisfero	半球
Fiume	河
Isola	岛
Latitudine	纬度
Longitudine	经度
Mappa	地图
Mare	海
Meridiano	子午线
Mondo	世界
Montagna	山
Nord	北
Ovest	西
Paese	国家
Regione	地区
Sud	南
Territorio	领土

Geologia
地质学

Acido	酸
Altopiano	高原
Calcio	钙
Caverna	洞穴
Continente	大陆
Corallo	珊瑚
Cristalli	水晶
Erosione	侵蚀
Fossile	化石
Geyser	间歇泉
Lava	熔岩
Minerali	矿物
Pietra	石头
Quarzo	石英
Sale	盐
Stalagmiti	石笋
Stalattite	钟乳石
Strato	层
Terremoto	地震
Vulcano	火山

Geometria
几何

Altezza	高度
Angolo	角度
Calcolo	计算
Cerchio	圈
Curva	曲线
Diametro	直径
Dimensione	尺寸
Equazione	方程
Logica	逻辑
Mediano	中位数
Orizzontale	水平
Parallelo	平行
Proporzione	比例
Quadrato	广场
Segmento	段
Simmetria	对称
Superficie	表面
Teoria	理论
Triangolo	三角形
Verticale	垂直

Giardinaggio
园艺

Acqua	水
Botanico	植物
Clima	气候
Commestibile	食用
Compost	堆肥
Contenitore	容器
Esotico	异国情调
Fiorire	开花
Floreale	花的
Foglia	叶
Fogliame	树叶
Frutteto	果园
Mazzo	花束
Semi	种子
Specie	物种
Sporco	污垢
Stagionale	季节性
Suolo	土壤
Tubo	软管
Umidità	水分

Giardino
花园

Albero	树
Amaca	吊床
Cespuglio	灌木
Erba	草
Erbacce	杂草
Fiore	花
Frutteto	果园
Garage	车库
Giardino	花园
Pala	铲
Portico	门廊
Prato	草坪
Rastrello	耙
Recinto	栅栏
Rocce	岩石
Stagno	池塘
Suolo	土壤
Terrazza	平台
Trampolino	蹦床
Tubo	软管

Giorni e Mesi
天和月

Agosto	八月
Anno	年
Aprile	四月
Calendario	日历
Dicembre	十二月
Domenica	星期日
Febbraio	二月
Gennaio	一月
Giugno	六月
Luglio	七月
Lunedì	星期一
Martedì	星期二
Mercoledì	星期三
Mese	月
Novembre	十一月
Ottobre	十月
Sabato	星期六
Settembre	九月
Settimana	周
Venerdì	星期五

Governo
政府

Cittadinanza	公民身份
Civile	民事
Costituzione	宪法
Democrazia	民主
Diritti	权利
Discorso	演讲
Discussione	讨论
Giudiziario	司法
Giustizia	正义
Indipendenza	独立
Legge	法律
Libertà	自由
Monumento	纪念碑
Nazione	国家
Politica	政治
Potenza	权力
Quartiere	区
Simbolo	象征
Stato	状态
Uguaglianza	平等

Guida
驾驶

Auto	汽车
Autobus	总线
Carburante	燃料
Freni	刹车
Garage	车库
Gas	气体
Incidente	事故
Licenza	执照
Mappa	地图
Moto	摩托车
Motore	马达
Pedonale	行人
Pericolo	危险
Polizia	警察
Sicurezza	安全
Strada	路
Traffico	交通
Trasporto	运输
Tunnel	隧道
Velocità	速度

I Media
媒体

Atteggiamenti	态度
Comunicazione	沟通
Digitale	数字
Edizione	版
Educazione	教育
Fatti	事实
Finanziamento	资金
Foto	照片
Giornali	报纸
Individuale	个人
Industria	工业
Intellettuale	知识分子
Locale	本地
Online	网上
Opinione	意见
Pubblicità	广告
Radio	收音机
Rete	网络
Riviste	杂志
Televisione	电视

Imbarcazioni
船

Albero	桅杆
Ancora	锚
Barca a Vela	帆船
Boa	浮标
Canoa	独木舟
Corda	绳子
Equipaggio	船员
Fiume	河
Kayak	皮艇
Lago	湖
Mare	海
Marea	潮
Marinaio	水手
Motore	引擎
Nautico	海上的
Oceano	海洋
Onde	波浪
Traghetto	渡轮
Yacht	游艇
Zattera	筏

Ingegneria
工程

Angolo	角度
Asse	轴
Calcolo	计算
Diagramma	图表
Diametro	直径
Diesel	柴油
Distribuzione	分配
Energia	能源
Forza	力量
Ingranaggi	齿轮
Leve	杠杆
Liquido	液体
Macchina	机器
Misurazione	测量
Motore	马达
Movimento	运动
Profondità	深度
Propulsione	推进
Stabilità	稳定性
Struttura	结构

Insetti
昆虫

Afide	蚜
Ape	蜜蜂
Calabrone	大黄蜂
Cavalletta	蚱蜢
Cicala	蝉
Coccinella	瓢虫
Coleottero	甲虫
Falena	蛾
Farfalla	蝴蝶
Formica	蚂蚁
Larva	幼虫
Libellula	蜻蜓
Mantide	螳螂
Pulce	跳蚤
Scarafaggio	蟑螂
Termite	白蚁
Verme	蠕虫
Vespa	黄蜂
Zanzara	蚊子

Jazz
爵士乐

Album	专辑
Applauso	掌声
Artista	艺术家
Batteria	鼓
Canzone	歌曲
Compositore	作曲家
Composizione	组成
Concerto	音乐会
Enfasi	重点
Famoso	著名的
Genere	类型
Improvvisazione	即兴创作
Musica	音乐
Nuovo	新的
Orchestra	管弦乐队
Ritmo	节奏
Stile	风格
Talento	人才
Tecnica	技术
Vecchio	老

L'Azienda
该公司

Creativo	创意
Decisione	决定
Industria	工业
Innovativo	创新的
Investimento	投资
Occupazione	就业
Possibilità	可能性
Presentazione	介绍
Prodotto	产品
Professionale	专业的
Progresso	进展
Qualità	质量
Reddito	收入
Reputazione	声誉
Rischi	风险
Risorse	资源
Salari	工资
Tendenze	趋势
Unità	单位

Letteratura
文学

Analisi	分析
Analogia	类比
Aneddoto	轶事
Autore	作者
Biografia	传记
Conclusione	结论
Confronto	比较
Descrizione	描述
Dialogo	对话
Genere	类型
Metafora	隐喻
Opinione	意见
Poesia	诗
Poetico	诗意
Rima	韵
Ritmo	节奏
Romanzo	小说
Stile	风格
Tema	主题
Tragedia	悲剧

Libri
书籍

Autore	作者
Avventura	冒险
Collezione	收藏
Contesto	上下文
Dualità	二元性
Epico	史诗
Inventivo	发明
Letterario	文学
Lettore	读者
Narratore	旁白
Pagina	页
Poesia	诗歌
Rilevante	相关的
Romanzo	小说
Scritto	书面的
Serie	系列
Storia	故事
Storico	历史的
Tragico	悲剧
Umoristico	幽默

Malattia
疾病

Acuto	急性
Addominale	腹部
Allergie	过敏
Batterico	细菌
Contagioso	传染性
Corpo	身体
Cronico	慢性
Cuore	心
Debole	弱
Ereditario	遗传
Immunità	免疫
Infiammazione	炎症
Lombare	腰椎
Neuropatia	神经病
Ossa	骨头
Patogeni	病原体
Respiratorio	呼吸的
Salute	健康
Sindrome	症状
Terapia	治疗

Mammiferi
哺乳动物

Balena	鲸
Cane	狗
Canguro	袋鼠
Cavallo	马
Cervo	鹿
Coniglio	兔子
Coyote	郊狼
Delfino	海豚
Elefante	大象
Gatto	猫
Giraffa	长颈鹿
Gorilla	大猩猩
Leone	狮子
Lupo	狼
Orso	熊
Pecora	羊
Scimmia	猴子
Toro	公牛
Volpe	狐狸
Zebra	斑马

Matematica
数学

Angoli	角度
Aritmetica	算术
Decimale	十进制
Diametro	直径
Equazione	方程
Esponente	指数
Frazione	分数
Geometria	几何学
Parallelo	平行
Parallelogramma	平行四边形
Perimetro	周长
Perpendicolare	垂直
Poligono	多边形
Quadrato	广场
Raggio	半径
Rettangolo	矩形
Simmetria	对称
Somma	和
Triangolo	三角形
Volume	卷

Meditazione
冥想

Abitudini	习惯
Accettazione	接受
Calma	平静
Chiarezza	明晰
Compassione	同情
Emozioni	情绪
Felicità	幸福
Gentilezza	善良
Gratitudine	感激
Mentale	心理
Movimento	运动
Musica	音乐
Natura	大自然
Osservazione	观察
Pace	和平
Postura	姿势
Prospettiva	透视
Respirazione	呼吸
Silenzio	沉默
Sveglio	醒

Meteo
天气

Arcobaleno	彩虹
Asciutto	干燥
Atmosfera	大气
Brezza	微风
Cielo	天空
Clima	气候
Fulmine	闪电
Ghiaccio	冰
Monsone	季风
Nebbia	雾
Nube	云
Polare	极地
Siccità	干旱
Temperatura	温度
Tempesta	风暴
Tornado	龙卷风
Tropicale	热带
Tuono	雷声
Uragano	飓风
Vento	风

Misurazioni
测量

Altezza	高度
Byte	字节
Centimetro	厘米
Chilogrammo	公斤
Chilometro	公里
Decimale	十进制
Grammo	克
Larghezza	宽度
Litro	升
Lunghezza	长度
Massa	质量
Metro	米
Minuto	分钟
Oncia	盎司
Peso	重量
Pinta	品脱
Pollice	英寸
Profondità	深度
Tonnellata	吨
Volume	卷

Mitologia
神话

Archetipo	原型
Comportamento	行为
Creatura	生物
Creazione	创造
Credenze	信仰
Cultura	文化
Disastro	灾难
Eroe	英雄
Forza	力量
Fulmine	闪电
Gelosia	嫉妒
Guerriero	战士
Immortalità	不朽
Labirinto	迷宫
Leggenda	传说
Magico	神奇
Mortale	凡人
Mostro	怪物
Tuono	雷
Vendetta	复仇

Musica
音乐

Album	专辑
Armonia	和谐
Armonico	谐波
Ballata	民谣
Cantante	歌手
Cantare	唱
Classico	古典
Coro	合唱
Lirico	抒情
Melodia	旋律
Microfono	麦克风
Musicale	音乐剧
Musicista	音乐家
Opera	歌剧
Poetico	诗意
Registrazione	录音
Ritmo	节奏
Strumento	仪器
Tempo	速度
Vocale	声乐

Natura
大自然

Animali	动物
Api	蜜蜂
Artico	北极
Bellezza	美
Deserto	沙漠
Dinamico	动态
Erosione	侵蚀
Fiume	河
Fogliame	树叶
Foresta	森林
Ghiacciaio	冰川
Nebbia	雾
Nuvole	云
Rifugio	庇护所
Santuario	避难所
Scogliere	悬崖
Selvaggio	荒野
Sereno	宁静
Tropicale	热带
Vitale	重要的

Numeri
数字

Cinque	五
Decimale	十进制
Diciannove	十九
Diciassette	十七
Diciotto	十八
Dieci	十
Dodici	十二
Due	二
Nove	九
Otto	八
Quattordici	十四
Quattro	四
Quindici	十五
Sedici	十六
Sei	六
Sette	七
Tre	三
Tredici	十三
Venti	二十
Zero	零

Nutrizione
营养

Amaro	苦
Appetito	食欲
Bilanciato	平衡的
Calorie	卡路里
Carboidrati	碳水化合物
Commestibile	食用
Dieta	饮食
Digestione	消化
Fermentazione	发酵
Gusto	味道
Liquidi	液体
Nutriente	养分
Peso	重量
Proteine	蛋白质
Qualità	质量
Salsa	酱
Salute	健康
Spezie	香料
Tossina	毒素
Vitamina	维生素

Oceano
海洋

Anguilla	鳗鱼
Balena	鲸
Barca	船
Corallo	珊瑚
Delfino	海豚
Gamberetto	虾
Granchio	螃蟹
Maree	潮汐
Medusa	海蜇
Onde	波浪
Ostrica	牡蛎
Pesce	鱼
Polpo	章鱼
Sale	盐
Scogliera	礁
Spugna	海绵
Squalo	鲨鱼
Tartaruga	乌龟
Tempesta	风暴
Tonno	金枪鱼

Paesaggi
景观

Cascata	瀑布
Deserto	沙漠
Dune	沙丘
Fiume	河
Geyser	间歇泉
Ghiacciaio	冰川
Grotta	洞穴
Iceberg	冰山
Isola	岛
Lago	湖
Mare	海
Montagna	山
Oasi	绿洲
Oceano	海洋
Palude	沼泽
Penisola	半岛
Spiaggia	海滩
Tundra	苔原
Valle	山谷
Vulcano	火山

Paesi #1
国家 #1

Brasile	巴西
Cambogia	柬埔寨
Canada	加拿大
Egitto	埃及
Finlandia	芬兰
Germania	德国
India	印度
Iraq	伊拉克
Israele	以色列
Libia	利比亚
Mali	马里
Marocco	摩洛哥
Norvegia	挪威
Panama	巴拿马
Polonia	波兰
Romania	罗马尼亚
Senegal	塞内加尔
Spagna	西班牙
Venezuela	委内瑞拉
Vietnam	越南

Paesi #2
国家 #2

Albania	阿尔巴尼亚
Danimarca	丹麦
Etiopia	埃塞俄比亚
Giamaica	牙买加
Giappone	日本
Grecia	希腊
Haiti	海地
Indonesia	印度尼西亚
Irlanda	爱尔兰
Laos	老挝
Liberia	利比里亚
Messico	墨西哥
Nepal	尼泊尔
Nigeria	尼日利亚
Pakistan	巴基斯坦
Russia	俄罗斯
Siria	叙利亚
Sudan	苏丹
Ucraina	乌克兰
Uganda	乌干达

Piante
植物

Albero	树
Bacca	浆果
Bambù	竹子
Botanica	植物学
Cactus	仙人掌
Cespuglio	灌木
Edera	常春藤
Erba	草
Fagiolo	豆
Fertilizzante	肥料
Fiore	花
Flora	植物
Foglia	叶
Fogliame	树叶
Foresta	森林
Giardino	花园
Muschio	苔藓
Petalo	花瓣
Radice	根
Vegetazione	植被

Professioni #1
职业 #1

Allenatore	教练
Ambasciatore	大使
Artista	艺术家
Astronomo	天文学家
Avvocato	律师
Ballerino	舞蹈家
Banchiere	银行家
Cacciatore	猎人
Cartografo	制图师
Editore	编辑
Farmacista	药剂师
Geologo	地质学家
Gioielliere	珠宝商
Idraulico	水管工
Infermiera	护士
Musicista	音乐家
Pianista	钢琴家
Psicologo	心理学家
Scienziato	科学家
Veterinario	兽医

Professioni #2
职业 #2

Astronauta	宇航员
Bibliotecario	图书管理员
Biologo	生物学家
Chirurgo	外科医生
Dentista	牙医
Detective	侦探
Filosofo	哲学家
Fotografo	摄影师
Giardiniere	园丁
Giornalista	记者
Illustratore	插画家
Ingegnere	工程师
Insegnante	老师
Inventore	发明者
Linguista	语言学家
Medico	医生
Pilota	飞行员
Pittore	画家
Ricercatore	研究员
Zoologo	动物学家

Psicologia
心理学

Clinico	临床
Cognizione	认识
Comportamento	行为
Conflitto	冲突
Ego	自我
Emozioni	情绪
Esperienze	经验
Idee	想法
Inconscio	无意识
Infanzia	童年
Influenze	影响
Percezione	感知
Personalità	个性
Problema	问题
Realtà	现实
Sensazione	感觉
Sogni	梦想
Subconscio	潜意识
Terapia	治疗
Valutazione	评估

Riscaldamento Globale
全球变暖

Ambientale	环境的
Artico	北极
Clima	气候
Conseguenze	后果
Crisi	危机
Dati	数据
Energia	能源
Futuro	未来
Gas	气体
Generazioni	代
Governo	政府
Industria	工业
Internazionale	国际
Legislazione	立法
Ora	现在
Popolazioni	人口
Scienziato	科学家
Sviluppo	发展
Temperature	温度
Umani	人类

Ristorante #2
餐厅 #2

Acqua	水
Aperitivo	开胃菜
Bevanda	饮料
Cameriere	服务员
Cena	晚餐
Cucchiaio	勺子
Delizioso	美味
Forchetta	叉子
Frutta	水果
Ghiaccio	冰
Insalata	沙拉
Minestra	汤
Pesce	鱼
Pranzo	午餐
Sale	盐
Sedia	椅子
Spezie	香料
Torta	蛋糕
Uova	蛋
Verdure	蔬菜

Salute e Benessere #1
健康和保健 #1

Abitudine	习惯
Altezza	高度
Batteri	细菌
Clinica	诊所
Fame	饥饿
Farmacia	药店
Frattura	断裂
Medicina	药
Medico	医生
Muscoli	肌肉
Nervi	神经
Ormoni	激素
Ossa	骨头
Pelle	皮肤
Postura	姿势
Riflesso	反射
Rilassamento	放松
Supplementi	补充剂
Trattamento	治疗
Virus	病毒

Salute e Benessere #2
健康和保健 #2

Allergia	过敏
Anatomia	解剖学
Appetito	食欲
Caloria	卡路里
Corpo	身体
Dieta	饮食
Digestione	消化
Disidratazione	脱水
Energia	能源
Genetica	遗传学
Igiene	卫生
Infezione	感染
Malattia	疾病
Massaggio	按摩
Nutrizione	营养
Ospedale	医院
Peso	重量
Sangue	血
Sano	健康
Vitamina	维生素

Scienza
科学

Atomo	原子
Chimico	化学的
Clima	气候
Dati	数据
Esperimento	实验
Evoluzione	进化
Fatto	事实
Fisica	物理
Fossile	化石
Gravità	重力
Ipotesi	假设
Laboratorio	实验室
Metodo	方法
Minerali	矿物
Molecole	分子
Natura	大自然
Organismo	生物
Osservazione	观察
Particelle	粒子
Scienziato	科学家

Spezie
香料

Aglio	大蒜
Amaro	苦
Cannella	肉桂
Cardamomo	豆蔻
Cipolla	洋葱
Coriandolo	香菜
Cumino	孜然
Curcuma	姜黄
Curry	咖喱
Dolce	甜蜜的
Finocchio	茴香
Gusto	味道
Liquirizia	甘草
Noce Moscata	肉豆蔻
Paprika	辣椒粉
Pepe	胡椒
Sale	盐
Vaniglia	香草
Zafferano	藏红花
Zenzero	姜

Sport
运动

Allenatore	教练
Atleta	运动员
Capacità	能力
Cardiovascolare	心血管
Ciclismo	循环
Corpo	身体
Danza	跳舞
Dieta	饮食
Forza	力量
Jogging	跑步
Massimizzare	最大化
Metabolico	代谢
Muscoli	肌肉
Nutrizione	营养
Obiettivo	目标
Ossa	骨头
Programma	程序
Resistenza	耐力
Salute	健康
Sportivo	体育

Strumenti Musicali
乐器

Armonica	口琴
Arpa	竖琴
Banjo	班卓琴
Chitarra	吉他
Clarinetto	单簧管
Fagotto	巴松管
Flauto	长笛
Gong	锣
Mandolino	曼陀林
Marimba	马林巴
Oboe	双簧管
Percussione	打击乐器
Pianoforte	钢琴
Sassofono	萨克斯管
Tamburello	铃鼓
Tamburo	鼓
Tromba	喇叭
Trombone	长号
Violino	小提琴
Violoncello	大提琴

Tecnologia
技术

Blog	博客
Browser	浏览器
Byte	字节
Computer	电脑
Cursore	光标
Dati	数据
Digitale	数字
File	文件
Font	字体
Internet	互联网
Messaggio	信息
Ricerca	研究
Schermo	屏幕
Sicurezza	安全
Software	软件
Statistiche	统计数据
Telecamera	照相机
Virtuale	虚拟
Virus	病毒

Tempo
時間

Anno	年
Annuale	每年
Calendario	日历
Decennio	十年
Dopo	后
Futuro	未来
Giorno	日
Ieri	昨天
Mattina	早晨
Mese	月
Mezzogiorno	中午
Minuto	分钟
Notte	晚上
Oggi	今天
Ora	小时
Orologio	时钟
Presto	很快
Prima	以前
Secolo	世纪
Settimana	周

Tipi di Capelli
头发类型

Argento	银
Asciutto	干
Bianco	白色
Biondo	金发
Breve	短
Calvo	秃
Grigio	灰色
Intrecciato	编织
Liscio	光滑
Lucido	闪亮的
Lungo	长
Marrone	棕色
Morbido	柔软的
Nero	黑色
Riccio	卷曲
Riccioli	卷发
Sano	健康
Sottile	薄
Spessore	厚
Trecce	辫子

Uccelli
鸟类

Airone	苍鹭
Anatra	鸭
Aquila	鹰
Cicogna	鹳
Cigno	天鹅
Cuculo	杜鹃
Fenicottero	火烈鸟
Gabbiano	鸥
Gufo	猫头鹰
Oca	鹅
Pappagallo	鹦鹉
Passero	麻雀
Pavone	孔雀
Pellicano	鹈鹕
Piccione	鸽子
Pinguino	企鹅
Pollo	鸡
Struzzo	鸵鸟
Tucano	巨嘴鸟
Uovo	蛋

Universo
宇宙

Asteroide	小行星
Astronomia	天文学
Astronomo	天文学家
Atmosfera	大气层
Buio	黑暗
Celeste	天体
Cielo	天空
Cosmico	宇宙
Emisfero	半球
Galassia	星系
Latitudine	纬度
Longitudine	经度
Luna	月亮
Orbita	轨道
Orizzonte	地平线
Solare	太阳的
Solstizio	冬至
Telescopio	望远镜
Visibile	可见
Zodiaco	黄道带

Vacanze #2
假期 #2

Aeroporto	机场
Campeggio	露营
Destinazione	目的地
Foto	照片
Hotel	酒店
Isola	岛
Mappa	地图
Mare	海
Passaporto	护照
Ristorante	餐厅
Spiaggia	海滩
Straniero	外国人
Taxi	出租车
Tempo Libero	暇
Tenda	帐篷
Trasporto	运输
Treno	火车
Vacanza	假期
Viaggio	旅程
Visto	签证

Veicoli
车辆

Aereo	飞机
Ambulanza	救护车
Auto	汽车
Autobus	总线
Barca	船
Bicicletta	自行车
Camion	卡车
Caravan	大篷车
Elicottero	直升机
Metropolitana	地铁
Motore	马达
Pneumatici	轮胎
Razzo	火箭
Scooter	滑板车
Sottomarino	潜艇
Taxi	出租车
Traghetto	渡轮
Trattore	拖拉机
Treno	火车
Zattera	筏

Verdure
蔬菜

Aglio	大蒜
Broccolo	西兰花
Carciofo	朝鲜蓟
Carota	胡萝卜
Cetriolo	黄瓜
Cipolla	洋葱
Fungo	蘑菇
Insalata	沙拉
Melanzana	茄子
Patata	土豆
Pisello	豌豆
Pomodoro	番茄
Prezzemolo	香菜
Rapa	芜菁
Ravanello	萝卜
Scalogno	葱
Sedano	芹菜
Spinaci	菠菜
Zenzero	姜
Zucca	南瓜

Vestiti
衣服

Abito	连衣裙
Braccialetto	手镯
Calzini	袜子
Camicia	衬衫
Cappello	帽子
Cappotto	外套
Cintura	带
Collana	项链
Giacca	夹克
Gonna	短裙
Grembiule	围裙
Guanti	手套
Jeans	牛仔裤
Maglione	毛衣
Moda	时尚
Pantaloni	裤子
Pigiama	睡衣
Sandali	凉鞋
Scarpa	鞋
Sciarpa	围巾

Congratulazioni

Ce l'hai fatta!

Speriamo che questo libro vi sia piaciuto tanto quanto a noi è piaciuto concepirlo. Ci sforziamo di creare libri della più alta qualità possibile.
Questa edizione è progettata per fornire un apprendimento intelligente, di qualità e divertente!

Le è piaciuto questo libro?

Una Semplice Richiesta

Questi libri esistono grazie alle recensioni che pubblicate.

Puoi aiutarci lasciando una recensione
ora a questo link ?

BestBooksActivity.com/Recensioni50

SFIDA FINALE!

Sfida n°1

Sei pronto per il tuo gioco gratuito? Li usiamo sempre, ma non sono così facili da trovare - ecco i **Sinonimi!**

Scrivi 5 parole che hai trovato nei puzzle (n° 21, n° 36, n° 76) e prova a trovare 2 sinonimi per ogni parola.

Scrivi 5 parole del *Puzzle 21*

Parole	Sinonimo 1	Sinonimo 2

Scrivi 5 parole del *Puzzle 36*

Parole	Sinonimo 1	Sinonimo 2

Scrivi 5 parole del *Puzzle 76*

Parole	Sinonimo 1	Sinonimo 2

Sfida n°2

Ora che ti sei riscaldato, scrivi 5 parole che hai trovato nei puzzle n° 9, n° 17 e n° 25 e cerca di trovare 2 contrari per ogni parola. Quanti ne puoi trovare in 20 minuti?

Scrivi 5 parole del **Puzzle 9**

Parole	Antonimo 1	Antonimo 2

Scrivi 5 parole del **Puzzle 17**

Parole	Antonimo 1	Antonimo 2

Scrivi 5 parole del **Puzzle 25**

Parole	Antonimo 1	Antonimo 2

Sfida n°3

Grande! Questa sfida  non è niente per te!

Pronto per la sfida finale? Scegli 10 parole che hai scoperto nei diversi puzzle e scrivile qui sotto.

1.	6.
2.	7.
3.	8.
4.	9.
5.	10.

Ora scrivi un testo pensando a una persona, un animale o un luogo che ti piace.

Puoi usare l'ultima pagina di questo libro come bozza.

La tua composizione:

TACCUINO:

A PRESTO!

Tutta la Squadra

SCOPRIRE GIOCHI GRATIS

GO

↓

BESTACTIVITYBOOKS.COM/FREEGAMES